W0386185

ISRAEL ROSENFIELD

DAS FREMDE, DAS VERTRAUTE UND DAS VERGESSENE

ANATOMIE DES BEWUSSTSEINS

AUS DEM AMERIKANISCHEN VON

SEBASTIAN VOGEL

S. FISCHER

Die amerikanische Originalausgabe mit dem Titel
»The Strange, Familiar, and Forgotten;
An Anatomy of Consciousness«
erschien 1992 im Verlag Alfred A. Knopf, New York
© 1992 Israel Rosenfield
Für die deutsche Ausgabe:
© 1992 S. Fischer Verlag GmbH, Frankfurt am Main
Alle Rechte vorbehalten
Umschlagentwurf Buchholz/Hinsch/Walch
Satz Stahringer, Ebsdorfergrund
Druck und Bindung Wagner GmbH, Nördlingen
Printed in Germany 1992
ISBN 3-10-066304-7

In Erinnerung
an Jacob Rosenfield
und Nadia
und Léon Temerson

Ce que j'ais appris, je ne le sais plus. Le peu que je sais encore, je l'ai deviné.
(Alles, was ich gelernt habe, habe ich vergessen. Das wenige, das ich noch weiß, habe ich erraten.)
Camfort, *Maximes et pensées*, 1795 (posth.)

Une mode ancienne demeure une curiosité; une mode passée depuis devient un ridicule; une mode régnante qu'anime la vie nous semble la grace même.
(Eine alte Mode bleibt eine Merkwürdigkeit; eine lange vergangene Mode wird lächerlich; eine herrschende Mode, die voller Leben ist, erscheint uns wie die personifizierte Gnade selbst.)
Octave Uzanne, *Les Modes de Paris*, 1898

Le cerveau de l'enfant, c'est la terre sur laquelle la charrue ne trace pas vainement son sillion fertilisateur. Le cerveau de l'aphasique, c'est la mer où la proue du navire ne peut pas laisser sa trace.
(Das Gehirn eines Kindes ist ein Acker, auf dem der Pflug nicht umsonst seine fruchtbaren Furchen zieht. Das Gehirn des Aphasikers ist ein Meer, auf dem der Bug des Schiffes keine Spuren hinterlassen kann.) Armand Trousseau

Il n'y a de nouveau que ce qui est oublié.
(Es gibt nichts Neues, nur Vergessenes.)
Rose Bertin, Schneider Marie Antoinettes

Our thought is fluctuating, uncertain, fleeting, successive, and compounded; and were we to remove these circumstances, we absolutely annihilate its essence.
(Unser Denken ist veränderlich, ungewiß, flüchtig, fließend und verbunden; würden wir ihm diese Eigenschaften nehmen, so vernichteten wir sein Wesen völlig.)
David Hume, *Dialogues Concerning Natural Religion*, 1779

INHALT

I

BEWUSSTSEIN – DIE HAUPTBESCHÄFTIGUNG DES GEHIRNS

Hinter dem, was wir sagen und tun, verbergen sich häufig Motive, die wir anderen und sogar uns selbst verschweigen. Diese Beobachtung ist so alt wie die Geschichtsschreibung; die moderne Psychologie wurde geboren, als man daraus einen Grundsatz machte: daß nämlich unsere Gedanken und Handlungen in großem Umfang von Vorstellungen, Erinnerungen und Trieben bestimmt werden, die unbewußt ablaufen und dem bewußten Denken nicht zugänglich sind, daß also unser Handeln von nicht wahrnehmbaren Kräften gelenkt wird. Deshalb wurde die Beschäftigung mit dem Unbewußten im zwanzigsten Jahrhundert zu einem Grundstein der Psychologie. Das Bewußtsein wurde ignoriert, denn es sah so aus, als würde die Entschleierung des Unbewußten uns soviel erklären können. Wenn Menschen von ihren »Erinnerungen« sprachen, dann setzten sie voraus, daß damit Erfahrungen und Kenntnisse gemeint waren, die sie sorgfältig in ihrem Gehirn gespeichert hatten und die sie ins Bewußtsein holen – also bewußtmachen – konnten. Aber damit ignorierte man die Möglichkeit, daß Erinnerungen in Wirklichkeit ein unverzichtbarer Teil in der Struktur des Bewußtseins sind. Nicht nur kann es so etwas wie Gedächtnis ohne Bewußtsein überhaupt nicht geben, sondern Bewußtsein und Gedächtnis sind in einem gewissen Sinn sogar untrennbar, und wenn man das eine verstehen will, muß man sich auch mit dem anderen beschäftigen.

Je mehr wir über die komplizierte Struktur des Bewußtseins in Erfahrung bringen, desto mehr müssen wir tatsächlich viele überkommene Vorstellungen über das Gedächtnis und das Wesen von Denken und Handeln über Bord werfen. Betrachtet man nochmals die Befunde der Neurologie, so ergeben sich nach meiner Überzeugung stichhaltige Gründe dafür, uns mit einer der wichtigsten – und lange mißachteten – Fragen zu beschäftigen, die wir über uns selbst stellen können: Was ist das Wesen und die Struktur unseres Bewußtseins? Bisher gibt es auf diese Frage keine sehr genaue Antwort, aber man konnte ja bisher auch noch nicht klären, wo und wie Erinnerungen in unserem Gehirn gespeichert werden, und daß das nicht möglich war, ist kein Zufall: Das menschliche Gedächtnis ist möglicherweise anders als alles, wofür wir bisher Vorstellungen oder Modelle entwickeln konnten. Der Grund dafür ist möglicherweise das Bewußtsein selbst.

Der Grund, warum das Bewußtsein so rätselhaft ist und warum man so schwer darüber sprechen kann, ist seine völlige Subjektivität, die Einzigartigkeit der Sichtweise jedes Menschen. So kann man beispielsweise mit Freude (oder Verwirrung) die offensichtliche Übereinstimmung feststellen, wenn jemand ausruft: »Ich habe gerade genau das gleiche gedacht!« Der Grund: Jeder weiß, wie außergewöhnlich es ist, wenn jemand mit ganz anderen Erfahrungen und Einstellungen praktisch die gleiche Einsicht hat wie man selbst. Schmerz und Leid anderer Menschen bewegen uns – nicht weil wir genau die gleichen Erfahrungen gemacht hätten, sondern weil wir das schreckliche Gefühl von Einsamkeit und Hilflosigkeit beim persönlichen Erleben von Schmerz kennen. Wir wissen um seine Subjektivität, um seine einzigartigen persönlichen Wurzeln. Uns fasziniert aneinander, daß wir am anderen objektiv die Reaktionen auf Erfahrungen sehen, von denen wir andererseits wissen, daß sie subjektiv und besonders sind. Würden wir die Gedanken und

Gefühle, die Leiden und Freuden anderer Menschen *wirklich* genauso kennen wie sie selbst, gäbe es nichts Überraschendes mehr, kein Gefühl des Entdeckens oder des Neuen; wir wären weder bewegt noch interessiert. Statt dessen sind wir überrascht, weil wir gemeinsame Beweggründe feststellen können; ähnliche Gedanken und Gefühle kommen offenbar auch bei anderen, die so verschieden von uns sind, in *ihrer* Subjektivität ebenfalls vor. In Massensituationen empfinden die Menschen in einer Gruppe sehr stark, daß sie das gleiche Gefühl teilen, zum Beispiel, wenn uns ein Theaterstück zusammen mit dem ganzen übrigen Publikum zu Tränen oder zum Lachen hinreißt. Dann sind wir von dem Gruppengefühl erregt und bezaubert, aber dieses Gefühl des Einsseins verflüchtigt sich schnell wieder; schon lange bevor wir das Theater verlassen, sind wir wieder zu unserem individuellen Selbst zurückgekehrt. Dann können wir zwar noch versuchen, uns gegenseitig unsere eigenen Reaktionen auf das Theaterstück mitzuteilen und damit sogar die Reaktion eines anderen zu beeinflussen, aber im Innersten wissen wir, daß solche Bemühungen vergeblich sind – das ist einer der Gründe, warum sie uns so faszinieren.

Das Wesen unserer eigenen Subjektivität können wir ebensowenig fassen wie das der anderen. Wenn man sagt, das Bewußtsein sei subjektiv, dann bedeutet das auch, daß es in Bewegung ist und sich ständig verändert; unsere subjektive Erfahrung besteht aus nicht wiederholbaren, sich ständig wandelnden und voneinander abhängigen Zuständen, die man nur aus unserem eigenen Blickwinkel betrachten kann.

Seltsamerweise spüren oder glauben wir in dieser Subjektivität dennoch, daß wir die objektive Wahrheit der Welt erfahren, und das nennen wir Wissen; unter Wissen verstehen wir gewöhnlich etwas, das man verstehen und anderen Personen mitteilen kann. Das wiederum hat zu der bei Wissenschaftlern und Philosophen weitverbreiteten Ansicht geführt, daß unser Gehirn die Bilder der wahrgenommenen Gegenstände in irgendeiner Weise neu entstehen läßt (wenn auch nicht unbedingt in »bildlicher« Form). So haben neurophysiologische Untersuchungen beispielsweise gezeigt, daß einzelne Gehirnbereiche auf bestimmte Typen visueller Information reagieren, zum Beispiel auf Farben, Formen oder Bewegungen. Zwar konnte bisher noch kein Wissenschaftler erklären, wie oder warum solche Nervenreaktionen zu bewußter Wahrnehmung werden, aber man nimmt dennoch an, daß das Gehirn auf irgendeine Weise mit den visuellen Wahrnehmungen so umgeht, daß daraus Bewußtsein entsteht.

Denkt man aber an die normale Erfahrung des bewußten Seins als Wahrnehmung und Aufmerksamkeit gegenüber der Bedeutung aller Erlebnisse, dann erscheint es nicht wahrscheinlich, daß Wahrnehmungen durch solche Neuschaffung oder Repräsentation im Gehirn entstehen, gleichgültig, wie komplex sie sein mag. Solchen Vorstellungen liegt ein statisches Modell der Gehirnfunktionen zugrunde; Bewußtsein hat aber einen zeitlichen Ablauf, eine zeitliche Kontinuität, und dafür ist die Behauptung der Gehirnforscher, einzelne Teile des Gehirns reagierten in bestimmten Augenblicken auf bestimmte Reize, keine ausreichende Erklärung. Unsere Wahrnehmungen gehören zu einem »Bewußtseinsstrom«, zu einem Erfahrungskontinuum, das die Theorien und Beschreibungen der Gehirnforschung nicht erklären können. Ihre Kategorien, beispielsweise die von Farbe, Geruch, Geräusch oder Bewegung, sind abgegrenzte Gebilde ohne Bezug zur Zeit. Dagegen entsteht die Empfindung von Bewußtsein aber nach meiner Überzeugung gerade durch den *Ablauf* der Wahrnehmungen, durch die Beziehungen (räumliche und zeitliche) zwischen ihnen, durch die dynamische und dennoch gleichbleibende Beziehung zu ihnen von einem einzigartigen persönlichen Standpunkt aus, der während des ganzen bewußten Lebens erhalten bleibt; diese *dynamische*

Bewußtseinsempfindung wird von den Analysen der Gehirnforscher nicht erfaßt. Im Vergleich dazu sind Einheiten des »Wissens«, wie man sie in Büchern oder Bildern aufzeichnen und weitergeben kann, nur einzelne »Schnappschüsse«, herausgegriffen aus dem unaufhaltsamen, unwiederholbaren und unausdrückbaren Erfahrungsstrom. Und es ist mit Sicherheit falsch, diese Schnappschüsse mit Material in Verbindung zu bringen, das im Gehirn »gespeichert« ist.

Der Vergleich mit Schnappschüssen im Gegensatz zu einem Film mit fortlaufender Musik ist vielleicht mehr als nur eine Metapher. Ein Film vermittelt den Eindruck von Bewegung mit Hilfe einer Reihe stehender Bilder, die schnell aufeinanderfolgen, aber unsere bewußte visuelle Erfahrung besteht nicht aus einer Abfolge von Standbildern; Bewegung sehen wir vielmehr deshalb, weil wir jedes Bild auf das nächste beziehen. Der Eindruck von Bewegung entsteht, weil das Gehirn die Beziehung zwischen jedem Bild und dem nächsten und dem übernächsten herstellt. Genauer gesagt entsteht das Bewußtsein für Bewegung, weil das Gehirn eine Gruppe von Reizen zur nächsten Gruppe in Beziehung setzt. (Bewegung nehmen wir wahr, wenn in jeder Sekunde 24 stehende Bilder nacheinander gezeigt werden; bei geringerer Geschwindigkeit sehen wir eine Abfolge von Einzelbildern. Das läßt vermuten, daß die Reize, aus denen das Gehirn Bewußtsein aufbaut, in einem zeitlichen Abstand von 1/24 Sekunde aufeinanderfolgen.)

In ähnlicher Weise ist auch das Bewußtsein für unbewegte Gegenstände von Beziehungen geprägt. Das stehende Bild wird schließlich über eine bestimmte Zeit hinweg wahrgenommen, genau wie bei bewegten Gegenständen oder aufeinanderfolgenden Bildern, und wieder verarbeitet das Gehirn in dieser Zeit Gruppen von Reizen, die es zueinander in Beziehung setzt, so daß die Wahrnehmung von der (in diesem Fall) unveränderlichen, unbewegten Wirklichkeit entsteht. Dieses In-Beziehung-Setzen, diese Herstellung von

Verbindungen zwischen Augenblicken, und nicht die Augenblicke selbst, macht das Bewußtsein aus. Bewußte Wahrnehmung ist zeitabhängig: Die Kontinuität des Bewußtseins entsteht, weil das Gehirn Zusammenhänge zwischen einzelnen Augenblicken herstellt. Ohne diese Verbindungen würden wir von einem Augenblick zum nächsten nur eine Folge unzusammenhängender Reize wahrnehmen, und diese Erfahrung könnten wir nicht in Wissen und in ein Verständnis der Welt umformen. Das ist der Grund, warum sich menschliches Wissen so stark von dem in einer Maschine oder einem Computer gespeicherten Wissen unterscheidet.

Wenn Wahrnehmung und Bewußtsein also aus sich ständig entwickelnden Beziehungen zwischen Gruppen von Reizen entstehen, kann man dann annehmen, daß auch Erinnerungen in ähnlicher Weise ins Bewußtsein dringen? Die Wahrnehmung von Bewegung ergibt sich aus einzelnen Standbildern – erinnern wir uns also auch durch gespeicherte Bilder, die im Gehirn auf diese Art verknüpft werden? Aber was ist dann der Unterschied zwischen einer Erinnerung und einer unmittelbaren Wahrnehmung? Sicher, Halluzinationen verwischen oder beseitigen diesen Unterschied, aber man kann nicht behaupten, daß unsere Erinnerungen Halluzinationen sind. Wir alle wissen, daß sich das geistige Erlebnis einer normalen Erinnerung von dem einer Halluzination unterscheidet, ganz zu schweigen von unmittelbaren Wahrnehmungen. Nein, das bewußte Erinnern ist, wie alle bewußten Tätigkeiten, von Beziehungen geprägt und muß es auch sein, aber die Art dieser Beziehungen ist anders als bei der direkten Wahrnehmung – allerdings hängt die direkte Wahrnehmung von ihnen ab. Der entscheidende Bestandteil ist die Selbstwahrnehmung. Meine Erinnerung entsteht aus der Beziehung zwischen meinem Körper (oder genauer, meinen körperlichen Empfindungen in einem bestimmten Augenblick) und dem »Bild« von meinem Körper in meinem Gehirn (einer unbewußten Tätigkeit, bei der das Gehirn eine sich ständig wandelnde, allgemeine Vorstellung vom Körper erzeugt, indem es die Veränderungen der körperlichen Wahrnehmungen von einem Augenblick zum nächsten zueinander in Beziehung setzt). Diese Beziehung schafft ein Ichgefühl; im Laufe der Zeit wird die Beziehung zwischen meinem Körper und seiner Umwelt immer komplexer, und damit nimmt auch das Wesen meines Ich und meiner Erinnerungen an Tiefe und Umfang zu. Wenn ich mich im Spiegel betrachte, gründet sich mein Selbsterkennen auf eine dynamische, komplexe Selbstwahrnehmung, ein mit Erinnerungen beladenes Gefühl dafür, wer ich bin. Meine Erinnerungen liegen nicht als gespeicherte Bilder bewußt oder unbewußt im Gehirn; die Tätigkeit des Erinnerns ist vielmehr eine Herstellung von Beziehungen zu mir selbst, zu anderen, zu vergangenen Erlebnissen oder zu früher wahrgenommenen Reizen. Das ist das eigentliche Wesen des Gedächtnisses: seine selbstbezogene Grundlage, sein Ichbewußtsein, das sich immer entwickelt und wandelt und von seinem Wesen her dynamisch und subjektiv ist. Sogar die Wahrnehmung im allgemeinen, die bewußte Wahrnehmung der Umwelt, geschieht immer von einem bestimmten Standpunkt aus und ist nur möglich, wenn das Gehirn ein Körperbild schafft, also ein Ich, das als Bezugsrahmen dient.

Und dennoch gibt es in der Subjektivität manche Veränderungen, die der Wissenschaftler in einem gewissen Umfang beobachten und aufzeichnen kann. Gehirnschäden schränken die subjektive Welt der betroffenen Patienten ein. Nach der herkömmlichen Betrachtungsweise der Neurologen und Psychologen hat die Erkrankung oder Verletzung in den klassischen Fällen bestimmte Erinnerungen zerstört oder gewisse Fähigkeiten des Patienten eingeschränkt. Das vorliegende Buch stellt diese Sichtweise in Frage; man kann nämlich nicht bestimmte Erinnerungen verlieren, ohne daß sich dadurch bei dem Betroffenen die gesamte Struktur des

Wissens tiefgreifend verändert. Wie ich noch ausführen werde, weisen die klinischen Studien vielmehr auf solche tiefgreifenden Veränderungen im Bewußtsein der Patienten hin. Wenn man die neurologischen Fälle vor dem Hintergrund dieser Hypothese betrachtet, eröffnet sich für die Vorgänge von Wissen, Gedächtnis und Verstehen eine Betrachtungsweise, die vielen herkömmlichen Weisheiten widerspricht –Weisheiten, welche die Neurologen, Psychologen und sogar die Philosophen in den letzten hundert Jahren immer weiter entwickelt haben. Aus einer solchen Neubewertung ergibt sich ein reichhaltigeres, tieferes Verständnis für die menschliche Psychologie und ihre Ursprünge in den Mechanismen des Gehirns.

Eine der ersten Erörterungen über das Wesen von Gedächtnis und Bewußtsein stammt vom Ende des achtzehnten Jahrhunderts. Damals schrieb William Molyneux an John Locke und stellte die Frage, ob jemand, der blind geboren wurde, sehen könne, wenn er plötzlich seinen Gesichtssinn wiedererlange. Kernpunkt dieser Überlegungen war die Frage nach dem Wesen von Erfahrung, Gedächtnis und Bewußtsein. Angenommen, so schrieb Molyneux, der Mann habe

> »gelernt, durch Tasten zwischen einem Würfel und einer Kugel aus demselben Metall zu unterscheiden. Angenommen, man würde nun den Würfel und die Kugel auf einen Tisch legen und dafür sorgen, daß der Blinde sehen kann: Könnte er die Gegenstände wohl beim Anblick unterscheiden, ohne sie zu berühren, und könnte er sagen, welches der Würfel und welches die Kugel ist? Der scharfsinnige und vernünftige Beobachter antwortet: Nein. Denn der Mann hat zwar die Erfahrung gemacht, wie Kugel und Würfel seinen Tastsinn beeinflussen, aber er hat noch nicht erfahren, daß das, was seinen Tastsinn so oder so anspricht, auch seinen Gesichtssinn so oder so beeindruckt.«[1]

Molyneux' Frage wurde erst vier Jahrzehnte später mit klinischen Hinweisen beantwortet; damals operierte William Cheselden, ein englischer Chirurg, einen dreizehnjährigen

Jungen am grauen Star, so daß der Patient nun zum erstenmal in seinem Leben sehen konnte. Anfangs erschien es dem Jungen, als würden seine Augen die Gegenstände, die man ihm zeigte, »berühren«, und er hatte das Gefühl, die Dinge seien unverhältnismäßig groß. Er hatte kein Entfernungsgefühl. Ein kleiner Gegenstand, den man unmittelbar vor ihm hinstellte, erschien ihm genauso groß wie ein weit entferntes Haus; und sein Schlafzimmer schien für ihn die gleichen Ausmaße zu haben wie das Gebäude, zu dem es gehörte, obwohl er wußte, daß es so nicht sein konnte. Er betrachtete eine Katze und einen Hund und fragte, welches die Katze und welches der Hund sei; schließlich schlug er eines der Tiere und äußerte abfällig: »Das nächste Mal weiß ich deinen Namen.« Cheselden schrieb:

> »Wir dachten, er wisse bald, was die Bilder darstellten, die ihm gezeigt wurden, aber später fanden wir, daß wir uns geirrt hatten; denn etwa zwei Monate, nachdem der Star gestochen worden war, entdeckte er auf einmal, daß sie feste Körper darstellten, während er sie bis dahin nur für teilweise gefärbte Flächen gehalten hatte, oder für Oberflächen, die sich durch vielfältige Farben unterschieden. Aber selbst dann war er nicht weniger überrascht, denn er erwartete, die Bilder würden sich genauso anfühlen wie die Dinge, die sie darstellten, und er war verblüfft, als er feststellte, daß die Teile, die wegen ihres Lichts und Schattens rund und uneben aussahen, sich nur flach anfühlten, wie alles andere, und er fragte, welcher Sinn wohl lüge, das Gefühl oder das Gesicht?«[2]*

---

* Einen ähnlichen Fall beschreiben Richard Gregory und J. G. Wallace in ihrem Buch *Recovery from Early Blindness: A Case Study*. Ihr Patient hatte große Schwierigkeiten, Gegenstände auf Bildern zu erkennen, und Strichzeichnungen von Gesichtern konnte er überhaupt keinen Sinn beimessen. Spiegel faszinierten ihn, vielleicht deshalb, weil er in der Zeit, bevor er seine Sehfähigkeit wiedererlangte, dem blinden Mann glich, den Diderot in seinem *Lettre sur les Aveugles* beschreibt; er konnte sich einen Spiegel nur als Maschine vorstellen, die räumliche Bilder von ihm selbst herstellt: »Un miroir est une machine qui nous met en relief hors de nous-même.« Das Gefühl des Patienten für sein Ich und für seine Beziehung zur Umwelt hatte sich dadurch, daß er sich selbst im Spiegel sehen konnte, tiefgreifend verändert.

Ja, welcher Sinn hatte gelogen? Cheseldens Patient wußte, daß es Katzen und Hunde gibt, und ihm war auch bekannt, daß ein Zimmer nicht genauso groß sein kann wie das Haus, zu dem es gehört. Er verstand nicht, wie eine zweidimensionale Darstellung so aussehen konnte wie ein dreidimensionaler Gegenstand. Er war verwirrt, weil er durch Sehen oder Tasten in seiner Umgebung keinen Sinn finden konnte.

Erklären läßt sich eine solche Verwirrung oder Verständnisunfähigkeit zum Teil durch mangelnde Erfahrung (Cheseldens Patient fehlten sicherlich die visuellen Erfahrungen) oder durch einen Gedächtnisverlust. Verwirrung und Verstehen sind Teilaspekte des bewußten Verhaltens, ja, sie sind sogar zwei Bewußtseinszustände, die auf sehr unterschiedliche Beziehungsgefüge zwischen dem einzelnen und seiner Umwelt schließen lassen, und man kann nicht begreifen, was sie sind, wenn man nicht eine Vorstellung davon hat, was der Begriff »Bewußtsein« bedeutet. Ein Computer zum Beispiel, der kein Bewußtsein hat, gerät nicht in Verwirrung, wenn er zu widersprüchlichen Schlußfolgerungen gelangt oder wenn ein Teil seines »Gedächtnisses« verlorengeht. Man könnte auch sagen, er »versteht« nie, was er tut.

Natürlich könnte man nun argumentieren, die Verwirrung bei Cheseldens Patient sei eine psychologische Folge, die sich aus der mangelnden Übereinstimmung der Seh- und Tastwahrnehmung ergibt. Und man könnte sagen, wenn es uns gelänge, einem Computer durch zusätzliche Konstruktionen ein »Bewußtsein« zu verleihen, dann würde er ebenfalls Verwirrung zeigen und sich andererseits zufrieden fühlen, wenn alles »paßt« und wenn er es »versteht«. Vielleicht stimmt das, aber derzeit gibt es keinen Grund, es zu glauben. Im Gegenteil: Fälle wie der von Cheseldens Patient zeigen die Unangemessenheit des Computermodells, und sie lassen vermuten, daß mit unseren herkömmlichen, mechanistischen Vorstellungen von Gedächtnis und Erfahrung grundsätzlich etwas nicht stimmt. Als Cheseldens Patient sich fragte, ob der Tast- oder der Gesichtssinn log, war ihm klar, daß jeder der beiden Sinne allein völlig überzeugend war. Was ihn verwirrte, war nicht die fehlende Übereinstimmung zwischen den beiden Wahrnehmungen, sondern die Sicherheit, mit der er durch die beiden Sinne zu entgegengesetzten Schlußfolgerungen gelangte. Keine Maschine ist *besorgt* oder auch nur *verwundert* über Gefühle von Sicherheit, die widersprüchlich erscheinen. Die neurologischen Befunde sagen über das Bewußtsein tatsächlich ebensoviel aus wie über das Gedächtnis, und sie teilen uns außerdem mit, daß beide offenbar Teile derselben großen Gesamtstruktur sind.

Doch mechanistische Vorstellungen über den Geist (die es schon lange vor der Erfindung des Computers gab) sind sehr tief verwurzelt; Neurologen und Psychologen haben ihre Patienten lange Zeit so behandelt, als ob das Bewußtsein nur ein untergeordneter Teil der geistigen Funktionen sei. Oder, wie es ein zeitgenössischer Psychologe formulierte:

»Die Psychologie war verständlicherweise vorsichtig, zum Bewußtsein zurückzukehren, und sie hat es nur mit einer ganzen Reihe neuer Methoden getan. Es ist aber bereits klar, daß die Rolle des Bewußtseins im geistigen Leben nur sehr klein ist, fast beängstigend klein. Die Teile des geistigen Lebens, die Bewußtsein erfordern, machen, wie sich herausgestellt hat, nur einen geringen Anteil der Gehirntätigkeit aus; man muß das Bewußtsein als ein Gehirnsystem wie alle anderen betrachten, mit bestimmten Funktionen und Eigenschaften. Groß erscheint es uns nur in unserer Selbstbetrachtung.«[3]

Immerhin gibt es aber eine Art geistiger Tätigkeit, die Bewußtsein erfordert und wohl kaum besonders unwichtig ist: das Erinnern. Ohne Gedächtnis wüßten wir nie, was wir gelernt haben. Meist – und das ist das Problem – neigen wir dazu, Erinnerungen als unbewußte Gebilde zu betrachten, die man ins Bewußtsein holt, und nicht als *Teil* des Bewußtseins. Aber immerhin ist es das bewußte Verhalten, das uns Grund gibt zu glauben, daß Erinnerungen existieren. Wir müssen also das Bewußtsein verstehen, bevor wir annehmen können, daß Erinnerungen einfach ins Bewußtsein »aufsteigen« oder daran gekettet sind; es muß geklärt werden, ob Gedächtnis und Bewußtsein Teile derselben Struktur sind oder nicht.

Auch die unbewußten Vorgänge im Gehirn kann man nicht verstehen, ohne das Bewußtsein zu kennen. Schließlich leitet sich unser Wissen über das Unbewußte aus der Beobachtung des bewußten Verhaltens ab. Es ist ein analoges Problem wie bei der berühmten Diskussion in der Physik über das Wesen des Lichtes: Besteht es aus Teilchen oder aus Wellen? Mit Meßinstrumenten, die auf Wellen ansprechen (zum Beispiel mit Interferenzgittern) zeigt sich das Licht in Form von Wellen; sind die Geräte dagegen empfindlich für Teilchen (Photozellen), so wird die Teilchennatur des Lichtes deutlich. Ist Licht also Teilchen oder Welle? Es ist *keines von beiden.* Wir sehen es nur als das eine oder das andere, je nach dem verwendeten Nachweisgerät. Ebenso läßt uns auch unser bewußtes Leben vermuten, daß in unserem Gehirn Erinnerungen gespeichert sind, aber wenn wir herauszufinden versuchen, wo und wie sie gespeichert sind, finden wir keine Spur von ihnen; manche Gesichtspunkte unseres geistigen Lebens (zum Beispiel Träume) legen außerdem den Verdacht nahe, daß die bewußten und unbewußten Formen des Gedächtnisses sehr unterschiedlich sind. In Wirklichkeit gehören sie beide zu einer größeren Struktur, und sie manifestieren sich je nach den Umständen in sehr unterschiedlicher Weise. Ein wesentlicher Bestandteil dieser größeren Struktur ist das Bewußtsein.

Die alte Vorstellung, nach der das Bewußtsein nur eine untergeordnete Tätigkeit des Gehirns ist, hat eine lange Geschichte. In der Antike hielt man das Bewußtsein – bewußtes Wissen, Denken und Fühlen – für so wichtig, daß man es nicht etwas so Profanem wie dem Gehirn oder überhaupt irgendeinem Körperorgan zuschreiben wollte. Aristoteles war zum Beispiel der Ansicht, die rationale Seele, die Grundlage des Denkens, sei immateriell. Auch im Mittelalter ignorierte man die feste Hirnsubstanz; gesunden Menschenverstand und Vorstellungskraft, reines Denken und Erinnerung schrieb man »Geistern« zu, die in den drei größten flüssigkeitsgefüllten Hohlräumen des Gehirns, den Ventrikeln, angesiedelt sein sollten. (Ein vierter, kleinerer Hohlraum wurde allgemein übergangen.) Selbst ein so scharfsinniger Beobachter wie Leonardo da Vinci zeichnete eine schematische Darstellung der Ventrikel, die solche Vorstellungen rechtfertigte.

Im siebzehnten Jahrhundert behauptete René Descartes (1596–1650), die immaterielle Seele, die für Gedanken und Gefühle, also für das Bewußtsein verantwortlich sei, habe ihren Sitz in der Zirbeldrüse; dort, so Descartes weiter, komme sie in Berührung mit den »Lebensgeistern«, und auf diese Weise steuere sie den materiellen Körper. Die Seele war danach reines Denken. Descartes' berühmter Satz »Ich denke, also bin ich« bedeutet: Ich existiere nur, solange ich denke; wenn ich aufhöre zu denken, höre ich auf zu existieren; das Denken ist immateriell und braucht keinen Körper, um zu existieren. Das Gehirn war nach Descartes' Anschauung eine Maschine, die den Körper beherrscht; sie arbeitete demnach »ganz genauso natürlich wie die Bewegungen einer Uhr oder eines anderen Automaten«. Wie alle Maschinen könne man es untersuchen, aber es habe nichts mit Denken oder Bewußtsein zu tun.[4]

Später in dem selben Jahrhundert äußerte der englische Arzt Thomas Willis (1621–1675) die Vermutung, das Gehirn setze, insbesondere mit seiner auffälligen linken und rechten Hälfte (den Hemisphären des Großhirns), die zusammen beim Menschen siebzig Prozent der Gehirnmasse ausmachen, in irgendeiner Form Gedanken und Handlungen in Gang. Aber da es sich dabei um »höhere« Funktionen handele, zog Willis den Schluß, sie müßten von den Teilen des

Gehirns getrennt sein, die mit so alltäglichen Tätigkeiten wie Gehen oder anderen motorischen Vorgängen zu tun haben. Deshalb behauptete er, es gebe keine anatomische Verbindung zwischen den höheren und niederen Zentren des Gehirns. Noch im neunzehnten Jahrhundert wurden diese Verbindungen, die im Gehirngewebe ohne Schwierigkeit zu erkennen sind, von Anatomen übersehen, die aufgrund philosophischer Vorurteile blind waren.

Eine grundlegend neue Vorstellung vom Gehirn stammt von Franz Gall (1758–1828), einem der großen Neuroanatomen des neunzehnten Jahrhunderts. Er postulierte zumindest indirekt, Schaffung und Aufrechterhaltung des Bewußtseins seien die wichtigsten und beherrschenden Aufgaben dieses Organs. Aber durch eine eigenartige Verdrehung diente Galls Theorie dazu, genau die umgekehrte Vorstellung zu rechtfertigen: daß das Bewußtsein nur eine untergeordnete und »besondere« Funktion des Gehirns darstelle.

Gall beeinflußte die Salons und Cafés im Paris des neunzehnten Jahrhunderts stärker als die wissenschaftlichen Kreise seiner Zeit. Er war in Baden geboren, studierte in Straßburg und Wien und begann in der österreichischen Hauptstadt auch seine Laufbahn als Lehrer. Am 25. Dezember 1801 verbot ihm Kaiser Friedrich II. von Habsburg, weiterhin seine »Doktrin von den Köpfen«[5] zu lehren und zu veröffentlichen, »damit nicht einige Leute darüber den Kopf verlieren«. Später ging Gall nach Paris, wo er in der besseren Gesellschaft ungeheuren Erfolg hatte.

Nach Galls Theorie ist das Gehirn ein kompliziertes Mosaik aus mentalen Organen, von denen jedes eine geistige Funktion hat und anatomisch zu lokalisieren ist. Diese Organe liegen danach in den Gehirnwindungen, also in der gefalteten, von Furchen durchzogenen Oberfläche des Gehirns, welche die Anatomen oft mit den Därmen verglichen hatten. Je größer eine Windung in einem bestimmten Gehirn war, desto wichtiger war demnach das betreffende mentale Organ in der Persönlichkeit des jeweiligen Menschen. Das, so behauptete Gall, sei die Erklärung für die individuelle Eigenart der Menschen, denn die relative Größe und Bedeutung der einzelnen Organe sei (wegen angeborener oder genetisch bedingter Faktoren) von Person zu Person unterschiedlich.

In seinem ursprünglichen Text äußerte Gall die Vermutung, es gebe 27 grundlegende geistige Bereiche mit festgelegter anatomischer Position im Gehirn. (Später erweiterte er die Zahl auf 31; s. Liste auf Seite 26f.) Im Hinblick auf die späteren Erkenntnisse der Neurobiologie sollte man besonders folgende Positionen in Galls Liste beachten: Gedächtnis für Tatsachen und Dinge; Gefühl für räumliche Beziehungen; Personengedächtnis, Gefühl für Worte und Namen oder Wortgedächtnis; Gefühl für gesprochene Worte oder Sprachbegabung. Bewußtsein ist zumindest unausgesprochen ein unverzichtbarer Bestandteil dieser und aller anderen Denkorgane in Galls Liste.

Über das Gedächtnis schrieb Gall: »Wahrnehmung und Gedächtnis sind nur Eigenschaften der grundlegenden psychischen Qualitäten, aber sie sind selbst keine Fähigkeiten.« Jedes Mentalorgan habe seine eigene Funktionsweise, seine eigene Wissensstruktur; musikalische Kenntnis sei in Art und Struktur etwas anderes als Kenntnis der Architektur. Deshalb, so glaubte er, sei das Wesen des Bewußtseins, der Wahrnehmung und des Gedächtnisses in Verbindung mit jeder Funktion unterschiedlich. Musik wahrzunehmen und zu erinnern erfordere ganz andere Vorgänge als Wahrnehmung und Erinnerung von Architektur: »Demnach sind Aufmerksamkeit, Wahrnehmung, Gedächtnis, Urteils- und Vorstellungsvermögen nichts anderes als verschiedene Wirkungsweisen jeder der grundlegenden Fähigkeiten.« Das erkläre, warum ein Mensch ein gutes Gedächtnis für Musik haben könne, während er sich nur schlecht an Gedichte erinnere. »Ein Mensch erinnert sich an Tatsachen und vergißt Daten;

GALLS GEISTIGE FUNKTIONEN UND IHRE LAGE IM GEHIRN[6]

Streitlust, Mut, Kampfinstinkt, Aggressionsinstinkt, Widerspruchsbestrebung – hinterer Teil der unteren Schläfenwindung

Instinkt des Fleischfressens, Zerstörungswille, Vernichtungsneigung, Impulse von »Ärger«, Erregbarkeit – mittlerer Teil der unteren Schläfenwindung

Vorratsinstinkt, Eigentumssinn, Besitzstreben, Hang zum Anlegen von Reserven – oberer vorderer Teil des Schläfenlappens, hinter dem Bereich für Konstruktivität

Vorsicht, Vorausschau, Umsicht, Angstgefühl, Organ für Melancholie – obere randständige Windung

Konstruktivität – vorderer Rand des Schläfenlappens, vor dem Besitzstreben

Kinderliebe, Elternliebe – unterer Teil des Hinterhauptslappens, in der Nähe der Mittellinie

Anhänglichkeit, gesellschaftliche Zuneigung – Hinterhauptslappen, außerhalb der Elternliebe

Gefühl für den Wohnort, Anhänglichkeit an Heimat und Vaterland – Hinterhauptslappen, über der Elternliebe

Stolz, Autoritätsbewußtsein, Selbstachtung – oberes Scheitelläppchen, in der Nähe der Mittellinie

Eitelkeit, Bestätigungsbedürfnis, Ruhmsucht – oberes Scheitelläppchen, außerhalb der Selbstachtung

Beständigkeit, Ausdauer, Hartnäckigkeit – oberer Teil der hinteren mittleren Windung, hinter der Rolando-Furche

Wortgedächtnis – Reil-Insel

Sprachfähigkeit – hinterer Teil der Orbitalwindungen

Gedächtnis für Gegenstände, Lernfähigkeit – unteres Ende der ersten Stirnwindung

Gedächtnis für bewegte Gegenstände, Gedächtnis für Ereignisse – über dem zuvor genannten in der ersten Stirnwindung

Gedächtnis für Personen, Formwahrnehmung – hinterer Teil der Orbitalwindungen, in der Nähe der Mittellinie

Gedächtnis für Räume und Orte, räumliche Beziehung von Gegenständen – unteres Ende der zweiten Stirnwindung

Farbempfindung – Orbitalwindungen, vordere und hintere

Beziehung von Zahlen, Zahlengedächtnis – hinterer äußerer Teil der Orbitalwindungen

Tonempfinden, Musik – in der Sylvius-Furche am hinteren Rand des Schläfenlappens

Zeitgefühl, Musik – nicht lokalisiert

Vergleichender Scharfsinn, Fähigkeit zur Deduktion, Erkennen von Ähnlichkeiten – Mitte der ersten Stirnwindung, über dem Gedächtnis für Tatsachen und Ereignisse

Metaphysischer Scharfsinn, Kausalität, Fähigkeit zur Induktion, Fähigkeit zum Ziehen von Schlüssen – mittlerer Teil der zweiten Stirnwindung, neben der Fähigkeit zum Vergleichen

Witz, Humor, Wahrnehmung von Verschiedenartigkeit – äußerer Rand der zweiten Stirnwindung: in der Mitte, außerhalb der Kausalität

Poetische Fähigkeiten, Idealismus, kreative Phantasie – oberer Teil der dritten Stirnwindung

Empfinden für schöne Künste; Hang zum Vollkommenen, Ästhetischen; Gefühl für Schönheit – nicht lokalisiert

Imitation, Hang zum Nachahmen, Verstellung – aufsteigende Stirnwindung, unter der Ehrfurcht

Sympathie, Wohlwollen, Leidenschaft, angenehmes Wesen – vor allem hinterer Teil der ersten Stirnwindung

Religiöses Gefühl, Ehrfurcht – oberer Teil der aufsteigenden Stirnwindung

Fähigkeit zu Visionen, Staunen, Ahnungen, ausgeprägt bei Fanatikern – nicht lokalisiert

ein anderer erinnert sich an Gesichter, aber nicht an Namen; manche Menschen vergessen nie die Orte, an denen sie gewesen sind, aber sie haben nicht die Kraft, sich an eine Melodie zu erinnern; demnach ist das Gedächtnis keine einfache, grundlegende Fähigkeit.« Mit anderen Worten: Gedächtnis sei ein unentbehrlicher Bestandteil jeder einzelnen geistigen Fähigkeit, und sein Wesen unterscheide sich von einer Fähigkeit zur nächsten. Gedächtnis sei nicht die Aufzeichnung eines »Bildes« oder einer »Spur«, sondern Teil des Wissens- und Verstehens-*Prozesses,* der bei jeder Fähigkeit oder in jedem Mentalorgan anders abläuft.[7]

Der entscheidende Test, ob Galls Ansichten über das Gedächtnis zutreffen oder nicht, war, wie wir noch sehen werden, die Untersuchung klinischer Krankheitsbilder. Schon 1825 schrieb der französische Arzt Jean-Baptiste Bouillaud (1796–1875), Galls Ansichten würden durch eine Reihe klinischer Beobachtungen gestützt. Verletzungen der sogenannten Frontallappen führten zum Beispiel oft zum Verlust der Sprache, weil das geschädigt war, was Bouillaud als das »legislative Organ der Sprache« bezeichnete. Nach seiner Vermutung wird die Fähigkeit, Worte zu benutzen, von einem Gewebe bestimmt, das sich von einem anderen unterscheide, das gebraucht wird, um Worte zu artikulieren. Zwar wurden Bouillauds Behauptungen durch eine große Zahl klinischer Beobachtungen gestützt, aber die meisten Ärzte schenkten seinen Arbeiten dennoch wenig Beachtung; nach ihrer Ansicht hatte Galls Theorie nichts mit Medizin zu tun. Einige Jahrzehnte später wurden Bouillauds Beobachtungen präzisiert; der französische Arzt Marc Dax (1771–1837) berichtete, Sprachstörungen seien fast immer mit Schäden der linken Gehirnhälfte verbunden. Auch sein Bericht stieß in der medizinischen Welt auf so wenig Interesse, daß er in den Archiven der medizinischen Gesellschaft von Montpellier verstaubte, bis sein Sohn in den sechziger Jahren des vorigen Jahrhunderts die Beobachtungen seines Vaters einem

Publikum zur Kenntnis brachte, das Galls Ideen nicht länger geringschätzte.

Der Wissenschaftler, der am meisten dazu beitrug, Galls Ruf zu ändern, war Paul Broca (1824–1880). Am 17. April 1861 führte er der Société d'Anthropologie einen gehirngeschädigten Patienten vor. Broca war Gründer und Vorstandsmitglied dieser Gesellschaft, die für ihre linksgerichteten politischen und kirchenfeindlichen Ansichten bekannt war. Brocas Patient hatte 21 Jahre zuvor die Sprache verloren; er war unter dem Namen »Tan« bekannt, weil das die einzige Silbe war, die er stammeln konnte. (Sein wirklicher Name war Leborgne, das bedeutet »der Einäugige«.) Er hatte keine Lähmung der Zunge oder der Lippen und konnte offensichtlich verstehen, was man zu ihm sagte. Der Verlust seiner Sprache war nach Brocas Beobachtung bedingt durch die Schädigung eines genau umgrenzten Bereichs in der linken Hirnhälfte, der heute als Broca-Zentrum bezeichnet wird. Broca hatte das Sprachzentrum des Gehirns entdeckt oder, wie Gall es genannt hätte, das Sprachorgan. Mehr als 30 Jahre nach seinem Tod war Gall bestätigt worden.

Dann, im Jahr 1874, wurden Galls Arbeiten in Frage gestellt, und das »Bewußtsein« verlor das Interesse der medizinischen Welt. In diesem Jahr veröffentlichte Carl Wernicke ein Werk mit dem Titel *Der aphasische Symptomkomplex.* Wie er darin feststellte, können Patienten mit einem geschädigten Broca-Zentrum entweder überhaupt nicht sprechen, wie es bei »Tan« der Fall war, oder sie konnten im besten Fall Sätze ohne grammatische Struktur hervorbringen. Am auffälligsten war, daß sie Verbindungsworte wie »wenn«, »und« oder »aber« nicht benutzten; es war für sie äußerst schwierig, den Satz »Keine ›wenns‹, ›unds‹ oder ›abers‹« zu wiederholen. Sie sagten beispielsweise nicht »Ich werde nach New York kommen«, sondern »Ich komme New York«. Dagegen hatten sie offensichtlich wenig oder gar keine Schwierigkeiten zu verstehen, was man ihnen sagte.

Die Patienten einer anderen Gruppe konnten nach Wernickes Beobachtungen fließend und grammatisch korrekt sprechen, aber ihren Sätzen schien der Inhalt zu fehlen, wie in dem Satz »Bevor ich hier war, war ich dort, und dann kam ich und war hier.« Genaue Begriffe wie »Gabel« wurden durch Umschreibungen wie »das Ding, das man ins Fleisch steckt« ersetzt. Und diese Patienten verstanden nichts, was man zu ihnen sagte. Im neunzehnten Jahrhundert behandelte man solche Patienten häufig als Geisteskranke (selbst heute wird manchmal die Fehldiagnose »Psychose« gestellt). In Wirklichkeit litten sie an der Schädigung eines bestimmten Gehirnbereichs, den man heute als Wernicke-Zentrum bezeichnet.

Man könnte meinen, Wernicke hätte ein weiteres Beispiel für die »Gehirnorgane« Galls entdeckt. Aber Wernicke behauptete, das sei keineswegs der Fall. Gall, so sagte er, sei von der falschen Annahme ausgegangen, man könne komplexe geistige Funktionen anatomisch lokalisieren. In Wirklichkeit aber hätte nur die »Erinnerung« an Worte eine feste Position – er nannte solche lokalisierten »Erinnerungen« elementare psychische Prozesse –, und zwar entweder in Form »akustischer Wortbilder« (unentbehrlich für das Verstehen gesprochener Worte) oder »motorischer Wortbilder« (erforderlich für das Sprechen). Brocas Patient »Tan« hatte danach seine (im Broca-Zentrum gespeicherten) motorischen Wortbilder verloren; er konnte den Klang von Worten nicht artikulieren, obwohl seine akustischen Wortbilder unversehrt waren und sein Sprachverständnis nicht gestört war. Patienten mit geschädigtem Wernicke-Zentrum hatten dagegen nach dieser Theorie die akustischen Wortbilder verloren; sie konnten Sprache nicht verstehen, obwohl sie beim Sprechen keine Schwierigkeiten hatten, und ihre Sprache war bedeutungsleer, weil sie nicht verstanden, was um sie herum vorging.

Wernicke glaubte zwar, Erinnerungen seien einfache »Bilder«, derer sich das Gehirn im geeigneten Augenblick bedienen kann, aber er ließ die Frage offen, wie sich das Gehirn entscheidet, ein Bild zu speichern und ein anderes nicht, oder wie es beurteilt, welche Bilder unter den jeweiligen Umständen geeignet sind und ins Bewußtsein gebracht werden sollen. Er erklärte auch nicht, wie ein Bild bewußt wird. War das bewußte Bild das gleiche wie das unbewußte? War eine Erinnerung wie ein elektrisches Zeichen, das im Gehirn liegt und wartet, bis es angeschaltet wird? Selbst heute sprechen Wissenschaftler und Psychologen von unbewußten Erinnerungen, die bewußt werden, als wäre das kaum etwas anderes als das Anknipsen einer Lampe. Und sie behaupten zwar oft, bewußte Erinnerungen seien »verschobene« oder unvollständige Formen ihres unbewußten Gegenstücks, aber sie nehmen nicht zur Kenntnis, daß die Behauptung, eine Erinnerung sei verschoben, nur dann einen Sinn hat, wenn man über eine einheitliche Beschreibung vom Wesen des Bewußtseins verfügt.

Auch ein anderer wichtiger Faktor wird häufig übersehen: Das Versagen des Gedächtnisses bei einem Patienten mit einem Gehirnschaden ist ganz etwas anderes als die alltäglichen Erinnerungslücken, die unsere normale Erfahrung des Vergessens darstellen. Wenn ich zu jemandem sage: »Entschuldigen Sie, ich habe Ihren Namen vergessen«, dann sage ich damit: »Ich weiß, daß Sie einen Namen haben, und den kannte ich auch, aber ich kann ihn im Augenblick nicht abrufen; er ist mir zwar vorübergehend nicht zugänglich, aber er ist in gewissem Sinne dennoch Bestandteil meines allgemeinen Wissens. Wenn Sie mir Ihren Namen sagen, werde ich ihn ja auch sofort wiedererkennen. Und wenn mir Ihr Name noch nicht bekannt war, werde ich ihn lernen und mich daran erinnern (oder ihn vielleicht später wieder vergessen).« Gedächtnisverluste durch Gehirnschäden sind etwas ganz anderes. Manche Patienten wissen nicht, daß sie früher einen Namen oder eine Tatsache kannten; Gedächtnis existiert für sie nicht und hat nie existiert – sie erleben es nicht als etwas, das sie vergessen haben, sondern als etwas, das sie nie gewußt haben *und das man nicht wissen kann;* es hat keinen Sinn und kann keinen haben; es kann nicht existieren. Der Patient kann den Namen oder die Tatsache nicht lernen; es paßt nicht in die Struktur seines Wissens über die Welt. Patienten mit bestimmten Verletzungen halten zum Beispiel alles, was sich auf der linken Seite ihres Körpers befindet, für nicht vorhanden, obwohl sie in einem Raum stehen, den sie mit allen seinen Seiten gut kennen. Sie verstehen nicht, was es bedeutet, wenn man über die linke Seite des Raumes spricht oder wenn Gegenstände diese Seite einnehmen, und sie reagieren, als wären sie teilweise blind. Man kann ihnen nicht beibringen, was »linke Seite« bedeutet. Das ist ganz etwas anderes als wirkliche Blindheit, denn ein Blinder weiß sehr wohl, daß es eine linke und eine rechte Seite gibt. Andere Patienten erkennen eine Person oder einen Ort, aber sie behaupten, es erscheine ihnen »fremd« oder »unwirklich«; an der Erinnerung oder dem Wiedererkennen, so sagen sie, sei etwas Falsches oder Unwahres. Auch durch noch so eindringliches Erklären kann man sie nicht überzeugen, daß das, was sie sehen, »wirklich« ist.

Es besteht also ein deutlicher Unterschied zwischen normalem und krankhaftem Erkennen und Erinnern. Der Gedächtnisverlust eines hirngeschädigten Patienten ist nicht der Verlust eines »Bildes« oder einer »Gedächtnisspur« im Gehirn, sondern vielmehr ein Hinweis auf eine Umstrukturierung im bewußten Wissen des Betroffenen, eine Neugestaltung seiner Beziehung zu seiner Umgebung. Das Gehirn besitzt Mechanismen, mit denen es solche Beziehungen herstellt – das ist letztlich die tiefere Bedeutung der pathologischen Indizien –, und die wichtigste Auswirkung dieser Mechanismen ist das Bewußtsein. Bei einem Hirnschaden ändert sich die Funktion: Bestimmte Hirnprozesse sind nicht mehr möglich, und infolgedessen verändert sich auch das Bewußtsein. Gall hatte recht, als er auf die Frage der Funktion hinwies, und obwohl er die Bedeutung dieses Problems nicht in ihrem ganzen Umfang verstand, eröffnete sich damit ein völlig neuer Weg, die klinischen Beobachtungen zu interpretieren. Wie wir Erinnerungen erlangen, der Vorgang des Erinnerns und wie unser Gehirn die Erinnerungen den bewußten und unbewußten Handlungen und Gedanken zugänglich macht – all das sind integrale Bestandteile des Gedächtnisses selbst. Mit seiner Theorie, das Gedächtnis sei von der Funktion getrennt, hat Wernicke wahrscheinlich das Wissen über zahlreiche Krankheiten und über die Gehirnfunktion im allgemeinen verfälscht. In jüngerer Zeit wurde die Funktion wieder zum Gegenstand neurologischer und wissenschaftlicher Auseinandersetzungen über das Gehirn, aber leider hat man dabei die Funktion einfach zu den Modellvorstellungen vom Gehirn hinzugefügt, in denen Wernickes Annahmen über das Gedächtnis als gegeben hingenommen werden.

Nicht Galls, sondern Wernickes Ansichten wurden in der Neurologie beherrschend. Sie sind Bestandteil der klassischen Denkweise in der Neurologie, die auch heute noch dominiert.[8] Seit Generationen versuchen die Wissenschaftler herauszufinden, wo und wie Erinnerungen gespeichert werden. Ende des neunzehnten Jahrhunderts wußte man, daß das Gehirn ein Geflecht aus etwa 30 Milliarden miteinander verbundenen Zellen, den Neuronen, darstellt, und man erkannte auch, daß die Neuronen über winzige Spalten, die Synapsen, miteinander kommunizieren. Durch einen Traum inspiriert, entdeckte der österreichische Physiologe Otto Loewi (1873–1961) im Jahr 1921, daß die Nachrichtenübertragung in der Synapse ein chemischer Vorgang ist: Aktive Neuronen setzen eine chemische Substanz frei, den Neurotransmitter, der seinerseits die benachbarte Nervenzelle anregt. Wenn die Neuronen aktiv sind, haben die synaptischen

Verbindungen das Bestreben, sich zu verändern: Aktive Synapsen werden »stärker«, so daß sie mehr Neurotransmitter in den synaptischen Spalt freisetzen können. Solche Veränderungen stehen mit den Mechanismen des Gedächtnisses im Zusammenhang, aber es gibt keine Hinweise, daß sie spezifische, für einen späteren Abruf gespeicherte Informationen darstellen. Bis heute ist es niemandem gelungen, eine bestimmte Erinnerung in irgendeinem Teil des Gehirns zu lokalisieren.

Dennoch setzte sich Ende der fünfziger Jahre die Vorstellung durch, daß das Gehirn spezifische Informationen speichert, die durch einzelne Funktionseinheiten beeinflußt werden können; damals entwickelte der in Ungarn geborene Mathematiker und Computerpionier John von Neumann die Theorie, daß das Gehirn wie ein Computer funktioniere: Seine einzelnen Bereiche entsprechen demnach den spezialisierten, vorprogrammierten Einheiten des Rechners. Wissenschaftler des Fachgebiets, das man später als »künstliche Intelligenz« bezeichnete, bemühten sich darum, diese hypothetischen Programme in ihren Einzelheiten aufzuklären und Maschinen zu bauen, welche die verschiedenen Gehirnfunktionen wie beispielsweise das Sehen nachahmen konnten. Neurophysiologische Entdeckungen – die wichtigste war die Beobachtung von David Hubel und Torsten Wiesel, daß einzelne Neuronen im Gehirn spezifisch auf horizontal, vertikal oder schräg angeordnete Linien und Balken ansprechen – schienen diese Richtung der Computerforschung zu rechtfertigen. Gleichzeitig ermöglichten es die Fortschritte der Medizintechnik, die Funktion des lebenden Gehirns zu beobachten; und wiederum schienen die Hinweise die weitgefaßten neuen Forschungsprogramme zu unterstützen. Neurophysiologie, Neurologie und künstliche Intelligenz verschmolzen in einer großen Synthese zur Kognitionsforschung, einer der aktivsten und vielleicht vielversprechendsten »neuen« Forschungsrichtungen unserer Zeit. Die Kognitionsforschung ist Franz Galls größtes Vermächtnis, denn seine Arbeiten und die anderer Neurologen des neunzehnten Jahrhunderts bestimmen ihre philosophischen und psychologischen Zielsetzungen. Aber in einem gewissen Sinne hat die Kognitionsforschung Galls unausgesprochene Schwierigkeit im Hinblick auf das Bewußtsein beseitigt – eine Wendung im Schicksal seiner Doktrin, die wir Carl Wernicke verdanken.

Solche Vorstellungen herrschten jedoch nicht immer unangefochten. Im neunzehnten Jahrhundert widersprach der französische Arzt Pierre Flourens (1794–1867) den Ansichten Galls und behauptete, das Gehirn arbeite als Ganzes. Aber der »Holismus«, wie man seine Theorie nannte, verlor seinen Reiz, nachdem Broca das »Sprachzentrum« entdeckt hatte; unter anderem konnten die Holisten nämlich nicht erklären, was die verschiedenen, offensichtlich spezialisierten Teile des Gehirns gemeinsam haben sollten: In welcher Hinsicht waren die Funktionsprinzipien des Gehirns gleich, unabhängig davon, ob das Gehirn optische, akustische oder andere Reize erhielt? Nach der holistischen Sichtweise mußten diese Funktionsprinzipien (die nicht näher benannt wurden) in allen Teilen des Gehirns identisch sein, und das Gehirn war demnach eine dynamische Struktur, deren Teile nicht spezialisiert, sondern voneinander abhängig waren und durch Erfahrung spezifische Funktionen erlangten. Die klinischen Befunde überrollten diese holistische Theorie, und ihre Verfechter verfügten über keinerlei Hinweise, was die einzelnen Gehirnteile tun und wie sie ihre besonderen Funktionen erlangen.

Zu Beginn des zwanzigsten Jahrhunderts behaupteten dann manche Neurologen, man habe die klinischen Beobachtungen falsch verstanden. Galls Fehler, so ihre Theorie, sei nicht die Annahme, daß es verschiedene geistige Fähigkeiten gebe, sondern die Behauptung, sie seien von Geburt an festgelegt und an bestimmte anatomische Bereiche im Gehirn gebunden. Die verschiedenen Fähigkeiten, so die neue Argumentation, entstehen durch Erfahrung und werden im Gehirn jedes Menschen in relativ ähnlicher Weise strukturiert. Das erscheint offensichtlich: Die verschiedenen Fähigkeiten wie Sprechen, Erkennen von Gesichtern, Ausführen bestimmter Bewegungen und so weiter sind im wesentlichen bei uns allen die gleichen. Immerhin ist der allgemeine Bauplan unseres Körpers und des Gehirns genetisch vorbestimmt, wir leben in derselben Welt und stehen, sehr allgemein betrachtet, den gleichen Problemen gegenüber. Wenn das Broca- und das Wernicke-Zentrum in irgendeiner Form lokal begrenzte Gehirnfähigkeiten darstellten – zum Beispiel spezialisierte Sprachorgane –, dann erscheinen sie angeboren, weil sie mit dem Stimmapparat und mit den Hörorganen (und auch mit anderen Gehirnteilen, in denen sich ebenfalls bestimmte Funktionen entwickeln) verbunden sind, und nicht weil irgendeine von Geburt an vorhandene innere Struktur oder Nervenverbindung sie für die Sprachfunktion vorbestimmt. (Tatsächlich war die klinische Lokalisierung nicht so genau, wie Broca und Wernicke vorhergesagt hatten, und der letztere hatte ohnehin nur von lokalisierten Erinnerungen und nicht von Funktionen gesprochen.)

Aber wenn die Gehirnfunktionen nicht vorherbestimmt waren, wie wurden sie dann erworben? Was tut das Gehirn, und warum scheint es schließlich ganz bestimmte Funktionen auszuführen? Die Antwort, die sich zu Beginn unseres Jahrhunderts abzuzeichnen begann, kritisierte die klassischen klinischen Untersuchungen, weil sie die »psychologischen« Eigenschaften des Patienten, seinen Bewußtseinszustand, außer acht gelassen hatten. Der deutsche Neurologe Kurt Goldstein, einer der wichtigsten Verfechter der neuen Richtung, beschrieb, wie das Verhalten eines Patienten und seine Unfähigkeit, seinen eigenen Handlungszustand zu verstehen, die Indizien lieferte, daß man vieles übersehen hatte:

»Hier ist ein Mann mit einem Schaden des Frontallappens, dem wir ein einfaches arithmetisches Problem vorlegten. Er ist nicht in der Lage, es zu lösen. Aber einfach nur zu beobachten und festzuhalten, daß er eine einfache Multiplikation nicht ausführen kann, wäre eine äußerst unzutreffende Beschreibung der Reaktionen des Patienten. Wenn man ihn einfach nur ansieht, erkennt man weit mehr als nur dieses arithmetische Versagen. Er sieht benommen aus, wechselt die Farbe, wird unruhig und ängstlich, stellt sich ungeschickt an, sein Puls wird unregelmäßig; war er gerade noch liebenswürdig, so ist er jetzt mürrisch, schwer verständlich, zu Gefühlsausbrüchen neigend und sogar aggressiv. Es dauert eine Weile, bis man die Untersuchung fortsetzen kann. Da der Patient in seinem ganzen Verhalten so verwirrt ist, bezeichnen wir derartige Situationen als *Katastrophensituationen.*

Wenn der Patient vor einer Aufgabe steht, die er lösen kann, verhält er sich ganz anders. Er wirkt angeregt und erfreut, ist ruhig und gesammelt, interessiert und kooperativ; er ist ›ganz da‹. Aus diesen Gegensätzen im Verhalten könnte man schließen, die Reaktion des Patienten sei als Ganzes einfach eine Reaktion auf seine Erfahrung, daß er der Aufgabe gewachsen bzw. nicht gewachsen ist. *Aber die Tatsache, daß der Reaktionskomplex nicht auf die Bewältigung oder Nichtbewältigung der Aufgabe erfolgt, sondern gleichzeitig damit, spricht gegen eine solche Erklärung. Ein weiteres Gegenargument ist die Beobachtung, daß die Patienten oft keine Vorstellung haben, warum sie unruhig, verärgert oder widerwillig waren.*

Offensichtlich muß man das widersprüchliche Verhalten als Ausdruck der Fähigkeiten des gesamten Organismus ansehen, Erfolg oder Mißerfolg bei einer Aufgabe zu haben, die ihm gestellt wird.«[9]

Der Kernpunkt in Goldsteins Theorie ist die Ansicht, daß man das Wesen des Gedächtnisses mißverstanden hatte. Gedächtnis, so behauptete er, ist kein genau reproduzierbares Gebilde, und wenn man es verstehen will, muß man in Erfahrung bringen, in welcher Beziehung die Gedächtnisdefekte eines Patienten zu seinen bewußten Reaktionen auf diesen Verlust stehen; Gedächtnis, Funktion und Bewußtsein sind demnach eng verknüpft. Diese Vorstellung ergab sich, wie ich erläutert habe, unausgesprochen auch aus Galls Arbeiten. Aber die Verfechter der neuen Vorstellung lehnten Galls Ansicht ab, die Funktionen seien angeboren. Galls

Theorie wurde grundlegend revidiert, Wernickes Vorstellungen wurden abgelehnt, und als neue klinische Untersuchungen weitere Aufschlüsse über das Wesen des Gedächtnisses lieferten, schien sich eine Antwort auf die allgemeinere Frage abzuzeichnen, warum sich bestimmte Funktionen bei allen Menschen herausbilden, wenn sie nicht angeboren sind. Neuere Ergebnisse der Gehirnforschung haben diese Vorstellungen erhärtet.

Dieses Buch hat unter anderen das Ziel, die oft unausgesprochenen Annahmen dieser Gegenpositionen zur klassischen Neurologie zu klären und deutlich zu machen; außerdem soll beschrieben werden, wie die zeitgenössische Entwicklung der Neurophysiologie zu neuen Argumenten geführt hat, welche die genannten Gegenargumente untermauern. Kernpunkt meiner Theorie ist die Behauptung, daß die Subjektivität des Wissens – mein Bewußtsein, daß Gedanken, Erinnerungen und die sie begleitenden Gefühle mir gehören und daß ich sie zwar ansatzweise beschreiben, aber einem anderen nie wirklich mitteilen kann – durch neurologische Mechanismen entsteht, deren Existenz durch klinische Studien deutlich geworden ist und die von Wissenschaftlern und Neurologen dennoch bis heute nicht zur Kenntnis genommen wurden. Viele Beobachtungen in den klinischen Studien, die man bisher nicht verstehen konnte, erscheinen weniger rätselhaft, wenn man sie als Veränderungen und Versagen in den Mechanismen der Subjektivität betrachtet.

Erste schwache Umrisse dieser Theorie zeichneten sich zu Beginn unseres Jahrhunderts ab, als Kurt Goldstein und sein Kollege Adhémar Gelb das Wesen des Gedächtnisverlustes nach Gehirnschädigungen nochmals untersuchten. Im Jahr 1925 veröffentlichten sie eine Studie über einen gehirngeschädigten Patienten, der Farben zwar unterscheiden, aber nicht benennen konnte. Nach der klassischen Neurologie hätte man die Unfähigkeit des Patienten leicht mit dem

Eine weitere seltsame Beobachtung:
Mademoiselle X hatte eine ausgeprägte Neigung, Gesten oder bizarre Haltungen anderer, die ihr aufgefallen waren, nachzuahmen. Eines Tages ging sie mit ihrem Lehrer über einen Jahrmarkt. Dort sah sie ein Ungeheuer aus Pappmaché, das seinen Mund in regelmäßigen Abständen öffnete und schloß und dabei alles ›auffraß‹, was man hineinlegte. Das Kind betrachtete diesen Anblick mit Erstaunen; während des restlichen Spaziergangs öffnete und schloß sie unaufhörlich und unwillkürlich ihren Mund, genau wie das Pappmaché-Ungeheuer.«[13]

Der Tourette-Patient kann nicht nur linguistische Zeichen nicht verstehen, sondern das gleiche gilt häufig auch für die Handlungen anderer: Er wiederholt sie (in dem Bemühen, sie zu verstehen), manchmal mit tragischen Folgen. Tourette berichtet:

»Eines Tages stand der Schiffskoch (mit einem Tourette-Syndrom) auf der Brücke des Schiffes und wiegte ein Kind auf den Armen; da tauchte ein Matrose auf, der in der gleichen Weise wie der Koch ein Stück Holz in den Armen hielt. Er warf den Klotz auf ein Sonnensegel und amüsierte sich darüber, wie er auf dem Stoff herumrollte. Sofort tat der Koch das gleiche mit dem Kind. Der Matrose löste das Sonnensegel, so daß das Holzstück auf die Schiffsbrücke fiel; der Koch tat das gleiche, und der kleine Junge war sofort tot.«[14]

Die Zuckungen, Gesten und nachahmenden Gebärden der Tourette-Patienten weisen auf eine enge Beziehung zwischen dem Verstehen (Bewußtsein) und den Körperbewegungen hin – letztlich handelt es sich, wie ich in späteren Kapiteln erläutern werde, um einen Zusammenhang zwischen Verstehen und Körperbild. Verstehen – wie auch die Erinnerung, die dafür unentbehrlich ist – geht immer von einem bestimmten Angriffspunkt oder Bezugsrahmen aus; meine Erinnerungen sind durch mein Leben und deine durch das deinige bestimmt. Wir können unsere Erfahrungen im Hinblick auf das verstehen, was *wir* tun können, weil unser Gehirn die Handlungen automatisch auf uns selbst bezieht. Der Tourette-Patient versucht mit Hilfe der Nachahmung, den beobachteten Handlungen einen Sinn zuzuordnen, wobei ihm der Körper als Bezugsrahmen dient. Der Bezugsrahmen (das Körperbild) ist dynamisch, und das gleiche gilt deshalb auch für das Verstehen. Neurologische Krankheiten schränken das Spektrum und die dynamischen Qualitäten des Körperbildes stark ein; als Folge können unter anderem die sogenannten »multiplen Persönlichkeiten« entstehen, bei denen die dynamische Qualität des Körperbild-Bezugsrahmens teilweise zerstört ist; dann tritt an die Stelle des normalen, unmerklichen Hinübergleitens von einer Persönlichkeit zur anderen, das wir alle in einem geringen Umfang in unserem Leben erfahren, ein heftiges »Springen« zwischen den Persönlichkeiten aus einem eingeschränkten Repertoire. Die engen Verbindungen zwischen Gedächtnis, Körperbild, Bezugsrahmen und Verstehen erkennt man im Fall von Lurias Gedächtniskünstler, bei dem offensichtlich genau eine solche »Spaltung« der Persönlichkeit vorlag. Er schrieb sein unverschämtes Verhalten einem anderen Ich zu, das er nicht kontrollieren konnte: »Ich sitze in Ihrer Wohnung und bin mit meinen eigenen Gedanken beschäftigt. Als guter Gastgeber fragen Sie mich: ›Schmecken Ihnen diese Zigaretten?‹ ›Na ja, es geht ...‹ Das heißt, ich würde so etwas niemals sagen, aber ›er‹ sagt Dinge, die er nicht aussprechen sollte.«[15] Das andere Ich, das »er«, war für die meisten Handlungen des Gedächtniskünstlers verantwortlich: »Ich mußte in die Schule gehen... Ich sah mich hier, während ›er‹ sich zur Schule aufmachte. Ich bin ›ihm‹ böse – warum braucht er so lange, um sich fertigzumachen?«[16]

Wie Lurias Gedächtniskünstler, so zeigen auch Patienten mit einem Tourette-Syndrom eine momentane Unfähigkeit, Reize zusammenzufassen oder zu abstrahieren; der Gedächtniskünstler beschwerte sich über »Flecken« oder »Strömungsstöße« und redete weitschweifig, unzusammenhängend oder sogar unhöflich; der Tourette-Patient ahmt verzweifelt nach und flucht schließlich. Beide bleiben an

Einzelheiten – einem Wort, einem Geräusch – hängen, die andere Reize »abblocken«. Wie Goldsteins Patient können sie nicht verstehen, daß verschiedene Rottöne Varianten von »rot« sind; sie können die einzelnen Schattierungen sehen, ohne aber ihre Verwandtschaft zu erkennen. Die Patienten von Goldstein, Luria und Tourette hatten alle eine tiefgreifend veränderte Wahrnehmung der Welt und infolgedessen stark veränderte Persönlichkeiten. Ein Tourette-Patient sagte: »Ihr Normalen ... habt alle Gefühle, alle Stile jederzeit verfügbar – Schwere, Leichtigkeit, was gerade angebracht ist. Bei uns Tourette-Kranken ist das nicht so... *Ihr* seid frei, ihr habt ein natürliches Gleichgewicht, wir müssen das Beste aus unserem künstlichen Gleichgewicht machen.«[17]

Gesunde Menschen können, anders als diese Patienten, normalerweise ihre Wahrnehmung erweitern und subtile neue Beziehungen herstellen. Jedesmal, wenn wir plötzlich etwas verstehen – zum Beispiel wenn beim Lesen eines Kriminalromans ein wichtiges Indiz, das wir zuvor übersehen haben, eine neue, überzeugende Bedeutung gewinnt –, nehmen wir etwas wahr, das unserer Aufmerksamkeit zuvor entgangen war; wir sehen einen Gegenstand oder eine Person unter einem neuen Gesichtspunkt. Was wir plötzlich »sehen« oder »verstehen«, ist etwas Neues; es ist weder die Person bzw. der Gegenstand, wie er ein paar Augenblicke zuvor erschien, noch die Veränderung, sondern eine Mischung aus beidem. Das Bewußtsein, das Verstehen hat sich verwandelt – wenn deutlich wird, daß ein alter Freund sich verändert hat, wenn man die Bedeutung eines Indizes erkennt, wenn man bisher unerkannte Formen in einer Zeichnung wahrnimmt oder selbst wenn man auf einmal beim Gehen auf einer Stadtstraße ein Gefühl von Vertrautheit empfindet. In allen diesen Fällen besteht unser Bewußtsein von der Straße, der Zeichnung, dem Freund oder dem Geheimnis des Verbrechens nicht allein aus dem neuen oder dem alten Bild, sondern aus der Beziehung zwischen beiden und unserem

»bewußten« Gefühl dafür. Alle Gedanken, alle bewußten Bilder sind eine Mischung aus Alt und Neu, Gebilde, die weder das eine noch das andere darstellen.

Bewußtsein ist ein Wahrnehmungszustand. Vermutlich fühlen die meisten Tiere bewußt, aber anders als die Menschen, die eine Sprache besitzen, nehmen sie sich selbst nicht wahr, d. h., sie »sind sich ihres Bewußtseins nicht bewußt«; sie ignorieren ihr eigenes Spiegelbild. Niemand konnte bisher die physiologische Grundlage der Selbstwahrnehmung beschreiben, aber wie zahlreiche klinische Untersuchungen gezeigt haben, können sich die Zustände der menschlichen Selbstwahrnehmung durch Gehirnschäden tiefgreifend ändern. Wenn man das Bewußtsein nicht in Betracht zieht, sind die meisten oder vielleicht alle klinischen Arbeiten an gehirngeschädigten Patienten praktisch nicht zu verstehen. Patienten mit Hirnschäden sind verwirrt, wenn sie nicht erkennen und erinnern können, und dieser verwirrte, veränderte Wahrnehmungszustand ist für ihre Krankheit ebenso charakteristisch wie bestimmte Formen des Gedächtnisversagens.

Erkennen und Erinnern sind bewußte Vorgänge, und Gedächtnisverluste nach Gehirnschädigungen sind nicht auf den Verlust bestimmter, irgendwo im Gehirn »gespeicherter« Gebilde zurückzuführen, sondern auf einen Zusammenbruch der Bewußtseinsmechanismen. Man muß den Verwirrungszustand des Patienten ebenso in Betracht ziehen wie beispielsweise die Unfähigkeit, seine Wohnung zu erkennen. Erinnerung, Erkennen und Bewußtsein sind Bestandteile desselben Vorgangs. Und obwohl sich die physiologischen Mechanismen wahrscheinlich großenteils oder vollständig unserer Kenntnis entziehen, lassen faszinierende Entdekkungen und Vorstellungen eine neue, aufregende Sicht des Bewußtseins entstehen, wenn auch bisher nur unvollständig und in Umrissen. Wir wissen heute immerhin so viel, daß wir vieles, was uns die klassische Neurologie gelehrt hat, neu interpretieren können. Die jüngsten Entwicklungen der Neurophysiologie und neue theoretische Arbeiten lassen langsam eine Sichtweise entstehen, mit deren Hilfe sich die menschliche Psychologie in einem Umfang erklären lassen wird, der mit den bis heute vorherrschenden Theorien im allgemeinen nicht möglich war. Es entsteht eine neue Synthese, die nach meiner Überzeugung unser Wissen über Psychologie und Philosophie sowie über Wesen und Grundlagen der Sprache grundlegend verändern muß. Eine Herausforderung für die klassische Theorie ist beispielsweise das Phänomen der »fremden« Gliedmaßen, denn dabei wird der Zusammenbruch der Bewußtseinsmechanismen unübersehbar. Neurologen und Psychologen haben dieses Problem bis auf den heutigen Tag ignoriert, wie wir im nächsten Kapitel sehen werden.

II

DAS VORGETÄUSCHTE BEIN UND DER BANKROTT DER KLASSISCHEN NEUROLOGIE

Im Jahr 1745 sorgte Julien Offray de La Mettrie (1709–1751) in Europa für einen Skandal: Er schrieb in seiner *Histoire naturelle de l'ame* (Naturgeschichte der Seele), die Vorstellung von einer Seele sei überflüssig, und Descartes habe nur darüber geschrieben, damit die Priester zufrieden seien. Das französische Parlament beschloß, das Buch solle verbrannt werden, und La Mettrie wurde als Arzt der französischen Garde entlassen. Er fand in Holland Zuflucht. Dort publizierte er 1747 anonym sein Werk *L'homme machine,* dem es aber kaum besser erging. Die holländische Regierung verfügte die Vernichtung des Buches und veranlaßte eine intensive Suche nach dem Verfasser. Friedrich II. von Preußen lud La Mettrie nach Berlin ein, wo er den Rest seines kurzen Lebens verbrachte. »Denken ist eine Angelegenheit der Materie«, schrieb La Mettrie in seinem skandalträchtigen Buch. »Alle Ideen kommen von den Sinnen«, und sie würden vom Gehirn produziert: »Wenn das Gehirn gut organisiert und geübt ist, dann ist es wie ein fruchtbarer, gut eingesäter Boden, der das Hundertfache dessen hervorbringt, das er erhalten hat.«[1]

Franz Gall begriff in seinen eigenen Schriften, welche dynamischen und kreativen Eigenschaften La Mettrie dem Gehirn in seinem Werk zugeschrieben hatte. Andere wiesen im achtzehnten Jahrhundert jedoch vor allem auf La Mettries Meinung hin, daß Wissen seinen Ursprung in den Sinnen habe; Anregungen bezogen sie auch von dem englischen Philosophen John Locke (1632–1704): Sinneswahrnehmungen werden danach im Gehirn als »repräsentative Bilder« gespeichert, wie Gall es formulierte; das Gehirn stellt Verbindungen zwischen diesen Bildern her, und die so verknüpften Bilder sind dann »Gedanken«.

Ein Jahrhundert später konnte Carl Wernicke diese Theorie – daß Gedanken die Verbindung elementarer Eindrücke sind – auf die Neurologie anwenden, ohne einen Skandal zu riskieren. Die Gehirnforscher beglückwünschten ihn zu seinem einfachen, eleganten Modell für Sprache und Verstehen. Nach Wernicke können zum Beispiel die akustischen Eindrücke von Worten, die in einem Teil des Gehirns als Erinnerungsbilder gespeichert sind, mit ihrer gesprochenen Form in Verbindung gebracht werden; diese gesprochenen Formen sind demnach in anderen Teilen des Gehirns als Erinnerungsbilder für die Sinneseindrücke von Lippen- und Zungenbewegungen gespeichert, und die Verknüpfung erfolgt über Nervenfasern zwischen den beiden Gehirnbereichen. In den folgenden Jahren wurden »Diagramme« der Assoziationsmöglichkeiten des Gehirns Allgemeingut: Sie zeigten spezialisierte Gedächtniszentren für verschiedene Arten von Sinneseindrücken mit vielfältigen Verbindungen. Neurologische Krankheitssymptome führte man auf die Zerstörung der Gedächtniszentren für bestimmte Eindrücke oder der Verbindungswege zurück.

Alle diese Modelle gründeten sich aber auf die Annahme, daß die Information im Gehirn in statischer Form gespeichert ist. Die Diagrammzeichner ließen sich beispielsweise nicht durch die Tatsache beirren, daß viele Worte gleich klingen und doch sehr unterschiedliche Bedeutungen haben (im Deutschen zum Beispiel »Stollen«). Wenn eine Sprache normal gesprochen wird, erkennt man die beabsichtigte Bedeutung der Laute natürlich aus dem Zusammenhang, also aus dem Satz oder aus den Umständen, in denen sie ausgesprochen werden. Aber einzelne Sprecher artikulieren die Worte unterschiedlich, und auch derselbe Sprecher kann das gleiche Wort auf mehrere verschiedene Arten aussprechen. Die Neurologen waren sich nicht darüber im klaren, was eigentlich das Wesen eines bestimmten »akustischen Wort-Erinnerungsbildes« war und wie es erworben wird. Und sie wußten auch nicht, warum manche »Bilder« gespeichert werden und andere nicht. Es war sogar unbekannt, wie ein solches akustisches Wortbild zum Erkennen eines Wortes dienen konnte, wenn man nicht annahm, daß das spätere Zusammentreffen mit dem Wort genauso vonstatten ging wie die erste Begegnung, bei der das Bild entstanden war. In Wirklichkeit muß das »gespeicherte« Wissen dynamisch sein, damit Erkennen möglich ist, aber die Urheber der Diagramme machten sich um dieses Problem wenig Sorgen. Ihr Erfolg bei der Erklärung neurologischer Sprachstörungen ist spektakulär gewesen.

Aber auch das war ein seltsamer Erfolg: Obwohl sie sich mit Sprache beschäftigt hatten, waren sie nicht den Fragen von »Bedeutung«, »Verstehen« oder »Bewußtsein« und ihrer Beziehung zur Erinnerung nachgegangen. Ihre Modelle hatten nicht das Geringste mit Philosophie oder Psychologie zu tun, obwohl man sich nur schwer vorstellen kann, wie sich solche Fragen in einer auch noch so abstrakten Diskussion über Sprache ausklammern lassen. Aber wenn die Neurologen diese Fragestellungen in ihrer Beschäftigung mit Sprachstörungen erfolgreich vermieden, dann konnten sie sie doch kaum ignorieren, wenn es um die Beschreibung von Krankheitsfällen ging, in denen die Patienten ihre Körperwahrnehmung verloren hatten. Die Diagramme versagten. Die Neurologen standen vor einem Rätsel, und das ist bis heute so geblieben. Wenn man nicht in ihren, sondern in anderen Bahnen denkt, kann man heute erkennen, wie diese Fälle in der von ihnen aufgezeichneten Form einige grundlegende Zusammenhänge zwischen Gedächtnis, Verstehen und Bewußtsein offenbaren.

Im Jahr 1905 veröffentlichten die französischen Neurologen G. Deny und P. Camus eine der ersten Studien über eine Patientin, die ihr Körperbewußtsein verloren hatte.[2] Die Kranke, Madame I., war eine Frau von 28 Jahren; in ihrer Vergangenheit war eine Reihe emotionaler Ausbrüche oft ohne äußeren Anlaß aufgetreten. Sie machte für ihre Probleme den gewalttätigen Charakter ihres Ehemannes verantwortlich. Nach einem ihrer häufigen Streitgespräche mit ihm wurde sie in das Pariser Salpetrière-Hospital eingewiesen. Dort befand sie sich seit zwei Jahren, als Deny und Camus ihren Bericht veröffentlichten.

Ihre Krankheit begann mit einer Phase geistiger Verwirrung. Sie wurde vergeßlich, lief ziellos umher und entkleidete sich auf offener Straße. Außerdem unternahm sie mehrere Selbsttötungsversuche. Als der Zustand der Verwirrung vorüber war, beschrieb Madame I. das, was sie als ihre »allgemeine Unempfindlichkeit« bezeichnete:

> »Ich nehme mich selbst nicht mehr so wahr wie früher. Ich kann meine Arme, meine Beine, meinen Kopf und mein Haar nicht mehr fühlen. Ich muß mich selbst ständig berühren, um zu wissen, wie ich bin. Ich habe das Gefühl, daß sich mein ganzer Körper verändert hat, und manchmal sogar, daß er nicht mehr existiert. Ich berühre einen Gegenstand, aber das bin nicht ich, die ihn anfaßt. Ich fühle nicht mehr so wie früher. Ich kann mir mich selbst nicht vorstellen. Meine Unempfindlichkeit ist beängstigend, als ob alles leer wäre.«

Mit aufgeknöpften Kleidern berührte sie sich ständig selbst, wie sie sagte, rieb dauernd ihre nackte Haut, zog an ihren Haaren oder kratzte sich den Kopf, während sie sprach. Gegen Kälte war sie unempfindlich. Wenn sie im Bett lag, wußte sie nicht, wo ihre Beine waren, außer wenn sie sie anfaßte oder gegeneinanderrieb. »Ich weiß nicht, wie ich im Bett liege. Ich suche ständig nach meinem Körper und meinen Beinen; und am Morgen frage ich mich, was während der Nacht geschehen ist.« Mit geschlossenem Mund konnte sie ihre Zunge nicht finden, weil sie glaubte, diese stecke im Hals.

Geschmack und Geruch waren verschwunden; sie war nie hungrig; Stimmen und die Geräusche der Straße waren nicht mehr die gleichen. Die Dinge sahen anders aus:

> »Die Welt erscheint mir verändert. Menschen und Dinge wirken wie Phantome, als ob sie nicht wirklich wären. Ich erkenne sie, aber sie scheinen nicht mehr die gleichen zu sein. Wenn mein Mann und meine Kinder mich besuchen kommen, erscheinen sie mir nicht mehr so wirklich wie früher. Ich erkenne sie, aber es macht mir keine Freude, sie zu sehen. Ich erlebe nichts, ich bin allem gegenüber unempfindlich. Es ist schrecklich, so zu sein. Ich kann niemanden lieben, nicht einmal mich selbst. Das Leben bedeutet mir nichts. Ich möchte lieber sterben.«

Sie konnte sich auch nicht an Dinge erinnern, die sie früher genau gekannt hatte: »Ich kann mir weder meine Eltern vorstellen noch das Innere meines Hauses oder irgendeinen anderen Ort, den ich gut kannte. Ich habe den Geschmack der Nahrung vergessen, den Duft der Blumen und die Stimmen meiner Kinder. Empfindungen bleiben nie bei mir, und ich kann sie nie mehr zurückrufen.«

Körperlich fühlte sich oft ihr Kopf schwer und ihr Hals eng an. Sie hatte Schwierigkeiten beim Atmen und war oft durstig, »aber nach dem Trinken habe ich nicht das Gefühl, als hätte ich etwas getrunken«. Nichts davon machte ihr Sorgen; es war ihre »Unempfindlichkeit«, die ihr Leiden und Beschwerden verursachte. Deny und Camus schrieben:

> »Obwohl sie durch ihren Zustand stark behindert ist, hat Madame I. einen völlig klaren Kopf. Sie versucht, ihre Probleme zu analysieren, ohne wilde Interpretationen oder hysterische Vorstellungen. In Augenblicken, wo sie nicht von ihrer Ängstlichkeit beherrscht wird, hilft sie anderen Patienten, oder sie liest und näht. Aber die meiste Zeit sucht sie anscheinend nach ihrer verlorengegangenen Empfindlichkeit. Und sie beklagt sich immer über das gleiche: ›Ich fühle und sehe mich selbst nicht so wie früher; wenn ich spreche, höre ich den Klang meiner eigenen Stimme nicht mehr. Ich fühle nicht, daß *ich*

Dinge tue. Ich habe kein Verlangen mehr, zu essen, denn ich kann mich anscheinend nicht hungrig fühlen. Ich bin überall unempfindlich; es ist, als wäre ich tot.‹«

Wie sich bei der körperlichen Untersuchung herausstellte, hatte Madame I. eine normale Berührungsempfindlichkeit; sie konnte heiß und kalt unterscheiden und Gegenstände mit geschlossenen Augen durch Tasten identifizieren. Ihr Geruchs- und Geschmackssinn waren normal, und ihr Sehvermögen war nur beim Beurteilen von Entfernungen leicht eingeschränkt.

Nicht normal waren dagegen ihre Unfähigkeit, die Lage ihrer Arme und Beine festzustellen, und ihre völlige Unempfindlichkeit gegen Schmerzen. Wenn man eine Nadel in ihre Haut stach, zeigte sie keinerlei Zeichen des Unbehagens, aber der Anblick eines Brenneisens versetzte sie in Angst. Deny und Camus schließen ihren Bericht mit den Worten:

»Seit ihrer Einweisung ist die Patientin im gleichen Zustand. Sie sagt stets, sie könne ihre verschiedenen Körperteile nicht spüren, sie habe von ihrer Umgebung nicht den gleichen Eindruck wie früher, und sie sei unfähig, sich an die in ihrem Gedächtnis gespeicherten Bilder normal zu erinnern. Sie behauptet, sie sei verloren, ihre Krankheit sei unheilbar, und es werde ihr nie mehr besser gehen; sie nimmt weder Behandlung noch Trost an.«

In der Verzweiflung und dem ständigen Bedürfnis nach Berührung gab es eine oberflächliche Ähnlichkeit zwischen Madame I. und Cheseldens kleinem Jungen, der seine Sehfähigkeit wiedererlangt hatte. Tausendmal am Tag nannte er eine Katze »Hund«, berührte sie und korrigierte sich: Er war sich seines Wissens nur sicher, wenn er sie anfassen konnte. Und Madame I. suchte verzweifelt nach der Gewißheit, daß sie sie selbst *war*, indem sie ihren eigenen Körper berührte. Sie versuchte, ein Ich zu schaffen, sich ihrer eigenen Existenz zu versichern. Cheseldens Patient wußte, daß es ihn gab; bei Madame I. war das nicht der Fall, und da sie sich ihrer eigenen Existenz nicht sicher war, konnte sie sich nicht an ihre Vergangenheit erinnern. Sie konnte sich nicht ihre Eltern vorstellen (»mir selbst darstellen«), ebensowenig ihr Haus sowie andere Orte und Menschen, die sie genau gekannt hatte.

Der Fall von Madame I. zeigt nach meiner Ansicht, daß es ohne Ichgefühl keine Erinnerungen gibt. Ohne daß man sein eigenes Dasein kennt, kann man keine Erinnerungen haben. Wie kann ich mich an *meine* Eltern, *mein* Haus erinnern, wenn ich nicht sicher bin, ob *ich* existiere? Man darf ein wesentliches Merkmal aller menschlichen (und vielleicht mancher tierischen) Erinnerungen nicht übersehen: *Jede Erinnerung bezieht sich nicht nur auf das Ereignis, die Person oder den Gegenstand, an den man sich erinnert, sondern auch auf die Person, die sich erinnert.* Das eigentliche Wesen des Gedächtnisses ist etwas Subjektives, nicht mechanische Wiedergabe; und das Entscheidende bei dieser subjektiven Psychologie ist, daß jedes erinnerte Bild von einer Person, einem Ort, einer Idee oder einem Gegenstand zwangsläufig – explizit oder implizit – eine Verbindung zu der Person enthält, die sich erinnert. Madame I. versuchte verzweifelt, diesen Zusammenhang zu ihrem eigenen Ich wiederherzustellen, indem sie ihren Körper berührte, denn anders konnte sie sich an die Vergangenheit nicht erinnern. Da sie unfähig war, sich ihren Körper als Teil ihrer Erinnerungen vorzustellen (ihr Gehirn konnte kein Bild von ihrem Körper aufbauen), konnte sie sich auch im Geist keine Bilder von ihren Eltern oder den Häusern, in denen sie gelebt hatte, machen, d.h., sie konnte sie sich nicht vorstellen. Die Existenz von Madame I. war für ihr eigenes Ich ständig zweifelhaft, und das gleiche galt auch für ihre Erinnerungen. Ihr Versuch, ein Gefühl für sich selbst herzustellen, ihr ständiges Anfassen und Reiben des eigenen Körpers ist eine Metapher für Erinnerung; ein vom Körper isoliertes Gehirn hat kein Gedächtnis.

Madame I. gelang es, kurzzeitige Bilder von sich selbst zu schaffen, indem sie ihre Hände durch ihre Haare und über ihren Körper gleiten ließ. In solchen Augenblicken konnte sie auch ihren Mann und ihre Kinder erkennen. Aber die Bilder waren nicht verbunden, sie bezogen sich nicht aufeinander und infolgedessen auch nicht auf ein dauerhaftes Bild von ihr selbst, d.h., sie waren phantomartig. Ihr Körper existierte nur vorübergehend, mit Anfang und Ende, und das gleiche galt auch für ihre Erkenntnisse. Was in ihrem Geschmackssinn und beim Hören der Stimmen von Menschen, die sie zuvor gekannt hatte, verändert war, das war nicht die mangelnde Übereinstimmung dieser Wahrnehmungen mit gespeicherten Bildern (wie die klassische Neurologie angenommen hätte), sondern das Fehlen der normalen zeitlichen Kontinuität, die sie früher gehabt hatten. Sie konnte solche Bilder nur dann für kurze Zeit wiederherstellen, wenn sie sich davon überzeugte, daß sie einen Körper hatte.

Ihr Gehirn verglich demnach ihre Wahrnehmungen nicht mit gespeicherten Bildern, und es sagte ihr nicht, daß sich etwas, das sie sah oder roch, »verändert« hatte. Nein, ihr Gehirn produzierte eine Reihe unverbundener Bilder, und diese Bilder waren ihr zwar vertraut, aber ihnen fehlte ein gemeinsamer Bezugspunkt (ihr Körper, ihr Ich), und damit hatten sie auch keinen zeitlichen Fluß, keine zeitliche Kontinuität. Was sie als »Veränderung« in ihrem Körper bezeichnete, war in Wirklichkeit ein Verlust des Gefühls für körperliche Kontinuität, das Fehlen der zeitlichen Verbindung zwischen den Wahrnehmungen der einzelnen Augenblicke; sie versuchte verzweifelt, diese Verbindung herzustellen, indem sie mit ihren Händen über ihre Gliedmaßen strich. Sie hatte ein abstraktes Wissen über den Fluß der Zeit, und durch die Sprache konnte sie instinktiv spüren, daß etwas fehlte, daß etwas sich in der sie umgebenden Welt »geändert« hatte. Die Sprache konnte aber die Kontinuität der Wahrnehmungsbilder, ihre »Bedeutung« und damit ihre Vertrautheit nicht wiederherstellen; dazu brauchte sie die Wahrnehmung ihres eigenen Körpers. Sie erkannte Eltern und Kinder, aber sie waren ihr nicht vertraut und bewegten ihr Gefühl nicht, sondern hatten jede Bedeutung für sie verloren.

Deny und Camus glaubten, der Verlust des Körperbildes von Madame I. und die Unwirklichkeit ihrer Erinnerungen – daß ihr Mann und ihre Kinder ihr »weniger wirklich als früher« erschienen – seien zwei voneinander abhängige Probleme; sie hatten nach ihrer Meinung die gleiche Grundursache: Unfähigkeit, Empfindungen, die das Körperbild oder die Erinnerung bilden, zu integrieren und zu assoziieren:

> »Wenn man mit Wernicke annimmt, daß die Wahrnehmung unserer körperlichen Existenz vollständig von der Gesamtheit der Sinneseindrücke abhängt, die in jedem Augenblick von jedem Körperteil ins Gehirn übertragen werden ... dann ist offensichtlich, daß die Unterdrückung oder Nichtbenutzung einer Kategorie organischer Eindrücke (aus Eingeweiden, Muskeln, Gliedmaßen usw.) ausreicht, um eine mehr oder weniger starke Störung zu verursachen, aus der ein einfacher Zweifel oder die vollständige Verneinung unserer körperlichen Existenz entstehen kann.«

Damit führten auch Deny und Camus die Unwirklichkeit der Erinnerungen von Madame I. auf ein Versagen bei der Übertragung mancher Wahrnehmungen ins Gehirn zurück; der Verlust eines Eindrucks, »der normalerweise mit unseren Sinneswahrnehmungen verbunden ist«, konnte nach ihrer Überzeugung »die gleiche Bestürzung, die gleichen Zweifel, die gleichen negativen Neigungen hinsichtlich der Außenwelt« hervorrufen.

Aber solche Zweifel setzen voraus, daß man *weiß*, daß etwas fehlt. Wie kann man wissen, daß ein Eindruck fehlt, wenn er »nicht übertragen« oder unterdrückt wird? Was ist der Bezugsrahmen des Gehirns, der solche Zweifel entstehen läßt? Deny und Camus setzen voraus, daß das Gehirn beides (unbewußt) kennt und doch (bewußt) nicht kennt, und wegen dieser Doppeldeutigkeit bezweifelt man dann die Exi-

menhang mit anderen, zuvor entdeckten Hinweisen ein Indiz darstellt. Die Wahrnehmung eines momentanen Eindrucks ist nur möglich im Zusammenhang mit einem vorangegangenen Eindruck, der seinerseits auch nur eine Bedeutung im Zusammenhang mit noch weiter zurückliegenden Wahrnehmungen hat, und so weiter *ad infinitum*. Nach Heads Analyse können wir unsere eigene Haltung niemals wirklich »kennen«. In einem Mordfall ist ein Fingerabdruck einer aus einer begrenzten Anzahl von Hinweisen, die sich auf das Mordopfer beziehen, aber für die Zahl der Bewegungen und Positionen des Körpers gibt es praktisch keine Begrenzung, ebenso wie die Zahl der Eindrücke, die man erleben kann, praktisch unendlich groß ist. Natürlich kann man das endlose Rückwärtsschreiten in Heads Argumentationskette vermeiden, und viele Wissenschaftler und Philosophen haben das auch getan; sie nahmen an, daß das Wissen von angeborenen Programmen bestimmt wird und daß diese Programme Bilder schaffen, die das Gehirn unmittelbar kennen kann und welche die Grundlage für das spätere Erkennen bilden. Aber damit ist noch nicht die Subjektivität des Wissens erklärt, also das Gefühl, daß das, was ich sehe und weiß, mein ausschließliches Wissen ist, über das ich zwar sprechen kann, ohne daß ein anderer jedoch genauso fühlt und versteht wie ich.

Freud versuchte, die höchst individuellen Wege zu erklären, auf denen ähnliche Wahrnehmungen verstanden und in Handlungen umgesetzt werden. Er vermied das unendliche Rückwärtsschreiten (wenn ich Jane sehe, denke ich in Wirklichkeit an Mary, und die wiederum erinnert mich an Janet usw.), indem er postulierte, der Ödipuskomplex (und die Beziehung des einzelnen zu Vater und Mutter) sei der letzte Bezugspunkt. In Heads Formulierung gibt es einen solchen letzten Bezugspunkt nicht, und damit ist zumindest indirekt gesagt, daß das Körperbild den Bezugsrahmen des Gehirns darstellt:

»Jede erkennbare Veränderung gelangt ins Bewußtsein bereits beladen mit ihrer Beziehung zu etwas, das ihr vorausgeht, genau wie ein Taxameter uns die Entfernung schon in Schilling und Pence angibt. Das letzte Produkt der Untersuchung von Haltung oder passiver Bewegung gelangt also ins Bewußtsein als gemessene Haltungsänderung.
Für diesen kombinierten Standard, an dem alle folgenden Haltungsänderungen gemessen werden, bevor sie ins Bewußtsein dringen, schlagen wir den Begriff ›Schema‹ vor. Mit Hilfe dauernder Positionsänderungen bauen wir immer ein Haltungsmodell von uns selbst auf, das sich dauernd wandelt. Jede neue Haltung wird in diesem formbaren Schema festgehalten, und die Aktivität der Hirnrinde liefert neue Gruppen von Eindrücken, die durch die im Vergleich zu ihm veränderte Position entstehen. Die Erkennung der augenblicklichen Haltung erfolgt, sobald die Beziehung vollständig ist.«[5]

Wenn das Körperbild als Bezugsrahmen dient, führt der Zusammenhang zwischen »augenblicklichen Haltungsempfindungen« und »etwas, das ihnen vorausgegangen ist« nicht zu einem unendlichen Rückwärtsschreiten bei den Bezugspunkten. Und der Blickwinkel des Gehirns ist einzigartig. Die Reichhaltigkeit jeder subjektiven Welt ist also eine Folge der dynamischen Qualitäten des Körperbildes einer Person, das vom Gehirn als Bezugsrahmen benutzt wird. Bewußtsein ist ein »Ereignis«: »Das ist der Fall bei allen mit Projektion verbundenen Aspekten der Empfindung; sie bilden eine fortlaufende Reihe von Anordnungen, die durch vorausgehende Ereignisse gleicher Anordnung bestimmt werden. Die Einheit des Bewußtseins ist, soweit die Faktoren der Empfindung betroffen sind, kein zeitlicher Augenblick, sondern ein ›Ereignis‹.«[6]

Das Körperbild wird demnach bewußt durch Bezug auf sich selbst; es ist sein eigener Bezugsrahmen – »die augenblicklichen Haltungsempfindungen waren bezogen auf etwas, das ihnen unmittelbar vorausging«. Um irgend etwas zu erkennen, ist im allgemeinen ebenfalls ein Bezugsrahmen erforderlich, und das einzige immer vorhandene Bild, auf das sich das Gehirn ständig beziehen kann, ist das des Körpers. Durch dieses sich ständig verändernde, dynamische Bild schafft das Gehirn eine bewußte Welt von außerordentlicher Vielfalt, wobei es die Reize dynamisch nach seinen Gesichtspunkten organisiert. Auf dieses dynamische Bild werden die Reize bezogen (Selbstbezug), und im Hinblick darauf sind sie »sinnvoll«. Die qualitative Vielfalt der Wahrnehmungswelt jedes Menschen entsteht durch die dynamischen Qualitäten seines Körperbildes; würde es fehlen, dann gäbe es keine Welt, die irgend jemand kennen könnte. Wenn wir dieses grundlegende Merkmal der Gehirnaktivität begreifen, dann wird deutlich, wie enorm wichtig unsere bewußten und unbewußten Versuche sind, das Körperbild zu schaffen und aufrechtzuerhalten. Der Wiener Neurologe und Psychiater Paul Schilder (1886–1940) faßte die Dynamik dieses Kampfes in folgendem Absatz zusammen:

> »Es gibt das Bestreben, das Körperbild zu vervollständigen, aber es kann ohne neue Bemühung nicht so bleiben. Auch die entgegengesetzte Tendenz gibt es: das Bestreben zur Auflösung des Körperbildes. Wenn wir die Augen schließen und so bewegungslos wie möglich verharren, strebt das Körperbild nach Auflösung. Das Körperbild ist das Ergebnis einer Anstrengung und kann nicht vollständig aufrechterhalten werden, wenn die Anstrengung nachläßt. Das Körperbild ist, um es auf entgegengesetzte Weise zu sagen, nie eine vollständige Struktur; es ist nie statisch: Es gibt immer Bestrebungen, es zu unterbrechen. Mit der sich verändernden physiologischen Situation des Lebens müssen neue Strukturierungen stattfinden, und die Situationen des Lebens ändern sich ständig.«[7]

Aber was geschieht, wenn die Mechanismen, mit denen das Körperbild auf sich selbst bezogen wird, teilweise zusammenbrechen? Wenn beispielsweise der linke Arm seinen Selbstbezug verliert? Wird dann das Körperbild verformt? Ändern sich auch die Erinnerungen? Die Neurologen standen vor einem Rätsel, als der französische Arzt M. J. Babinski vor der Pariser Gesellschaft für Neurologie über

Patienten berichtete, die ihre gelähmten Arme oder Beine anscheinend nicht wahrnahmen.[8] Er beschrieb eine Frau, deren linke Körperhälfte gelähmt war; sie litt nicht unter Gedächtnisverlust, und obwohl sie intelligent und völlig vernünftig erschien,

> »ignorierte sie anscheinend völlig die Existenz ihrer gelähmten linken Körperhälfte. Wenn man sie bat, den rechten Arm zu bewegen, kam sie der Aufforderung sofort nach. Bat man sie jedoch um eine Bewegung des linken Arms, blieb sie vollkommen unbeweglich; sie schwieg und tat so, als ob die Bitte jemand anderem gegolten hätte.«

Eine andere Frau, die in ganz ähnlicher Weise linksseitig gelähmt war, erzählte im Scherz, ihr Arzt habe ihre Leiden immer heilen können, nur diesmal »sei seine Wissenschaft unfähig«. Auch sie bewegte auf eine entsprechende Aufforderung den rechten Arm. Bat man sie aber, das gleiche mit dem linken Arm zu tun, reagierte sie entweder überhaupt nicht, oder sie antwortete mit den Worten »Da, ich hab's getan«, obwohl sie völlig unbeweglich blieb. Als sie zufällig mitanhörte, wie ihre Ärzte sich über die Möglichkeit einer Elektrotherapie für ihren gelähmten Arm unterhielten, fragte sie, warum sie das tun wollten, »denn ich bin nicht gelähmt«. Ein anderer halbseitig gelähmter Patient bewegte seine linke Hand auf eine Aufforderung hin ebenfalls nicht; wenn man ihm sagte, er solle hinschauen und sehen, daß sein linker Arm sich nicht bewegt hatte, war er weder überrascht noch besonders verärgert. »Er bewegt sich langsamer als der andere«, behauptete er.

Andere Patienten – in unserer Zeit beispielsweise der Arzt Oliver Sacks – haben über gelähmte Arme oder Beine berichtet, die sich »unheimlich fremd anfühlen und auch so aussehen – eine leblose Kopie, die an meinen Körper geheftet ist ... es ist nur ein Trugbild. Es ist nicht wirklich. Es gehört nicht zu mir.« Sacks, der selbst an einer solchen Störung litt, hatte das Gefühl, als sei es *»nicht nur ein Schaden in* *meinen Muskeln, sondern ein Schaden in mir*«. Sehr lebhaft beschrieb er, wie das Bein, *sein* Bein, aus Vergangenheit und Gegenwart verschwand:

> »Das Bein war verschwunden und hatte seinen ›Platz‹ mitgenommen. Es gab also anscheinend keine Möglichkeit mehr, es wiederzubekommen – und zwar ungeachtet der beteiligten Pathologie. Konnte Erinnerung helfen, wo Erwartung versagte? Nein! Das Bein war verschwunden und hatte auch seine ›Vergangenheit‹ mit weggenommen. Ich konnte mich nicht mehr erinnern, daß ich ein Bein hatte. Ich konnte mich nicht mehr erinnern, wie ich je gegangen und geklettert war. Ich fühlte mich auf unbegreifliche Weise abgeschnitten von der Person, die noch fünf Tage zuvor gegangen und gelaufen und geklettert war. Es gab nur eine ›formale‹ Kontinuität von ihr zu mir. Da war eine Lücke, eine vollkommene Lücke zwischen damals und heute; und in dieser Lücke, in der Leere, war das frühere Ich verschwunden, das Ich, das ohne zu denken stehen, laufen und gehen konnte, das sich völlig und ohne Gedanken seines Körpers sicher war, das nicht begreifen konnte, wie daran Zweifel aufkommen können ... In diese Lücke, diese Leere, außerhalb von Raum und Zeit waren die Realitäten und Möglichkeiten des Beins gewandert, und sie waren darin verschwunden. Ich habe oft an den Ausdruck ›ins Blaue verschwinden‹ gedacht, der früher absurd, jetzt aber geheimnisvoll bedeutsam erschien. Wie um meinen Unglauben zu tadeln, war mein eigenes Bein ›ins Blaue verschwunden‹; ... Ich konnte mir nicht vorstellen, daß es auf irgendeine ›normale‹ oder körperliche Weise zurückkehrte, denn es war aus Raum und Zeit verschwunden – beim Verschwinden hatte es seine Raumzeit mitgenommen ... Es hatte sich aus unserer Existenz wegbewegt (was man auch immer mit ›Existenz‹ meint); und nach dem gleichen Prinzip mußte es auch irgendwie *in* die Existenz zurückkehren.«[9]

Die Neurologen versuchten diese Fälle genauso zu erklären wie die verschiedenen Sprachstörungen (Aphasien), die sie bei gehirngeschädigten Patienten untersucht hatten – ohne sich um die grundlegendste Frage zu kümmern, um das Wesen der Selbstwahrnehmung. J. Dejerine, ein berühmter Diagrammzeichner, erläuterte: »Die Patienten von M. Babinski ... haben eine veränderte Empfindlichkeit für ihre gelähmten Gliedmaßen. Möglicherweise ist das zum Teil die Ursache für ihre Gleichgültigkeit gegenüber der Bewegungsunfähigkeit.« Und Henri Claude, ein anderer Neurologe, erklärte: »Möglicherweise lag in den von M. Babinski beschriebenen Fällen ein Verlust der Repräsentation des gelähmten Gliedes vor, so daß die Aufmerksamkeit des Patienten durch motorische und psychomotorische Erregung nicht mehr darauf gezogen wurde.«[10] Eine in jüngerer Zeit geäußerte Vermutung lautete: »Wenn man Wahrnehmung und Vorstellung als Vorgänge versteht, die sich am besten durch ein komplexes Flußdiagramm beschreiben lassen, dann kann es durchaus eine Reihe verschiedenartiger Störungen geben, die sich jeweils als Nichtbeachtung äußern.«[11]

Aber in Wirklichkeit klagte keiner dieser Patienten über »veränderte Empfindlichkeit«. Das Bein erschien vielmehr »fremd« oder »vorgetäuscht«; solche Begriffe beschreiben eine veränderte Beziehung zwischen dem Bein und dem Ich, denn wenn ein Patient sein Bein als »fremd« bezeichnet, hat er einen Rahmen für den (Selbst-)Bezug, ein Gefühl für das Ich, und er kennt den Unterschied zwischen »Ich« und »Es«. Das heißt, die ungestörten verbalen und symbolischen Fähigkeiten des Patienten richteten sich auf das Glied; sie beschrieben es und gaben ihm damit eine bezogene Realität, die es sonst nicht gehabt hätte. Ein verletztes Tier, das nicht die Fähigkeit zu verbalem Ausdruck und zur Schaffung von Symbolen hat, besitzt auch kein »fremdes« Glied, auch wenn es sich vielleicht so *verhält*, als wären seine Beine fremd; es »mißachtet« das Bein einfach, wie es die Diagrammzeichner auch den Menschen unterstellten, die sich »indifferent« verhielten. Wenn wir nicht *beschreiben* können, in welchem Verhältnis etwas zu uns steht, dann ist es weder ein »Teil« von uns, noch ist es uns »fremd«. Sacks' gelähmtes und schmerzunempfindliches Bein fühlte sich nicht wie *sein* Bein an, aber er konnte es sehen; ohne den Mechanismus des Selbstbezugs konnte sein Gehirn in dem, was er sah, keinen Sinn erkennen; deshalb erschien ihm das Bein seltsam oder unheimlich – und er bezeichnete es als »fremd«.

Wichtig ist die Feststellung, daß Sehen allein nicht »Wissen« bedeutet; deshalb führt das Fehlen des inneren Selbstbezuges zusammen mit dem unzweifelhaften Anblick des Beins zu einer paradoxen Beziehung. Sacks ist sich seines Beins bewußt, wenn er es betrachtet, aber er kann den Zustand des Gliedes – das Wesen seiner Beziehung zu ihm – mit dem bewußten visuellen Bild nicht steuern. Ein Hund oder eine Kuh ohne symbolisches Denken würde über den Zustand eines gelähmten Beins nicht nachdenken; Sacks' verbale (symbolische) Gedanken erzeugen für sein Bein einen abstrakteren Status, als ihn ein Hund oder eine Kuh erleben würde. Hier zeigt sich, wie tiefgreifend Sprache das Wesen des Bewußtseins verändert.

Auch Gefühle gehören zur Struktur des Selbstbezuges. Sacks' veränderte Wahrnehmung seines Beins ist auch eine veränderte *emotionale* Beziehung zu dem Glied; Bewußtsein läßt sich nicht vom Gefühl trennen. Gefühle oder Liebe empfinden kann man nur für jemanden (oder für etwas), der in irgendeiner Art von Beziehung – sei sie indifferent, feindselig oder liebevoll – zu einem selbst steht. Sacks wird durch sein gelähmtes Bein stark geängstigt, aber er hat ihm gegenüber keine Gefühle; wenn es die Empfindung und insbesondere das Schmerzgefühl langsam wiedergewinnt, wird es wieder Teil seines Selbstbezugssystems, und auch seine Gefühle gegenüber dem Glied kehren zurück.

»Als ich wieder in meinem Zimmer war und auf dem Bett lag, liebkoste ich das wiederhergestellte Bein oder vielmehr den Gipsverband, denn selbst er schien nun lebendig zu sein, durchdrungen vom Leben des Beins. ›Du liebes altes Ding, du süßes‹, hörte ich mich selbst sagen. ›Du bist zurückgekommen, du bist wirklich, du bist wieder ein Teil von mir.‹ Seine Realität, seine Gegenwart, seine Liebe, alles war eins. Ich betrachtete es mit Entzücken, angefüllt mit der Empfindung starker Körperlichkeit... Ich fühlte mich entflammt von Begeisterung, Dankbarkeit, Freude – entflammt von

Liebe, Verehrung, Lob. ›Gott sei gedankt‹, rief ich aus, und ›gelobt sei Gott‹ – Ausbrüche, Ausdrucksweisen, die plötzlich einen Sinn hatten.«[12]

Die beängstigende anfängliche Leere in der Gefühlsbeziehung zu einem gelähmten Glied spiegelt den Zusammenbruch praktisch aller Beziehungen wider, die das Gehirn dazu herstellen kann. Das Gehirn ist aber auch in der Lage, einen visuellen Zusammenhang aufzubauen, und eine solche Beziehung ist zwangsläufig zweideutig oder widersprüchlich, denn alle anderen Hinweise, über die das Gehirn verfügt, deuten darauf hin, daß das Glied nicht vorhanden ist. Die Eigenartigkeit dieses Widerspruchs drückt sich in dem Gefühl des Patienten aus, daß der Raum oder Platz, den das Bein einnimmt, verschwunden ist. Daran, daß dieses Gefühl für den Raum des Beins teilweise verlorengeht, zeigt sich erneut die zentrale Bedeutung des Selbstbezuges. Wir empfinden Raum durch seine Beziehung zu etwas anderem, und zwar im wesentlichen zu unserem eigenen Körper. Daß der Platz – also der Teil des Raums –, den das Bein einnimmt, für den gehirngeschädigten Patienten verschwindet, ist ein Hinweis, daß das Gehirn unser Raumgefühl durch Bezug zum Körperbild herstellt; das Ichgefühl, das dem Bein eine Bedeutung verleiht, schafft auch Bedeutung für den vom Bein eingenommenen Raum. Das Körperbild ist unentbehrlich für unsere Raumvorstellung, und durch eine Abstraktion davon, die das Gehirn vornimmt, entstehen allgemeinere Wahrnehmungen von Räumen und Gegenständen. Im Fall der beschriebenen Patienten ist das geschädigte Gehirn nicht in der Lage, die Beziehung zwischen einem fremden Glied und dem Körperbild herzustellen, und deshalb kann es auch keine Empfindung für den Raum erzeugen, den das Glied einnehmen würde. Wie Bonnier richtig bemerkte, muß *irgend etwas* auch *irgendwo* sein.

Die Raumvorstellung ist natürlich abstrakt, sie ist ein

geistiges Konstrukt, ein Weg zur Beschreibung eines Gesichtspunkts der Außenwelt. Was wir mit Hilfe der Raumvorstellung aussagen oder verstehen, entsteht also durch den Selbstbezug; wenn Gliedmaßen fremd erscheinen, ist der Selbstbezug zerstört und mit ihm auch die Vorstellung von dem Raum, den das Glied einnimmt. Ausdrücken und Verstehen sind Teile der Bewußtseinsstruktur, die sich aus dem Selbstbezug ergeben; ohne Körperbild können sie nicht existieren. Wäre jeder Selbstbezug zerstört, so wären Bewußtsein und Verstehen unmöglich.

Schwere und Leichtigkeit sind zum Beispiel vergleichende, auf etwas bezogene Vorstellungen. Ein Konzertflügel erscheint schwerer als eine Teetasse, und diese Vorstellung vom relativen Gewicht der Gegenstände entstammt letztlich der Beziehung zwischen diesen Gegenständen und dem Körperbild. Ein Patient mit Parkinson-Krankheit berichtete, wenn sein Körper nicht von der Krankheit betroffen sei, fühle eine Teetasse sich »leicht« an, aber wenn sein Körper steif werde, erscheine ihm die Teetasse und alles um ihn herum sehr »schwer«. Die Vorstellung von »Leichtigkeit« (eine Brücke kann als im Raum schwebend erscheinen) entsteht durch den Selbstbezug des Gehirns auf das Körperbild: Ein wandelbares (dynamisches) Körperbild erzeugt den »leichten« Eindruck von einer Teetasse; ist das Körperbild dagegen fest, kann der Eindruck entstehen, die Tasse oder andere im Blickfeld befindliche Gegenstände seien schwer. Das Gefühl für Gewicht und Dichte von Dingen ist also eng verknüpft mit den eigenen Körperbewegungen.

Die Tatsache, daß bei Patienten mit »fremden« Gliedmaßen der Raum oder »Platz« zu verschwinden scheint, ist ein starkes Indiz für die Annahme, daß es im Gehirn Mechanismen gibt, die den Selbstbezug herstellen; außerdem, so kann man vermuten, sind die Behauptungen, die Henri Claude vor vielen Jahren und andere auch heute aufgestellt haben, unangebracht: daß nämlich das Glied »fremd« erscheint, weil seine »Repräsentation« im Gehirn des Patienten »zerstört« wurde. Warum sollte dann auch der Raum verschwinden, den das Glied einnimmt? Nein, was in Wirklichkeit zerstört wurde, ist der Mechanismus des Selbstbezuges, also das Mittel, mit dem sich das Bein (und auch sein »Platz«) auf das Körperbild bezieht. Das widersprüchliche Erscheinungsbild eines »fremden« Gliedes entsteht durch die entgegengesetzte visuelle Wahrnehmung, daß es mit Körperteilen des Patienten in Verbindung steht, deren Selbstbezug vorhanden ist (weil sie zum Beispiel Schmerz empfinden können). Der Selbstbezug ist keine hypothetische Vorstellung, sondern ein nachweisbarer Teil der Bewußtseinsstruktur; brechen die physiologischen Mechanismen, die ihn erzeugen, teilweise zusammen, entsteht das Phänomen der »fremden« Gliedmaßen.

Natürlich kann man das Erlebnis, daß das Bein »fremd« ist, genau wie das Gefühl für die Schwere oder Leichtigkeit einer Teetasse, nicht kennen, ohne daß es sprachlich ausgedrückt wird. Das Wissen um solche Erfahrungen erfordert die abstrahierenden, symbolischen Kategorien der Sprache. Wenn das stimmt, würde ein Patient mit einem »fremden« Glied dann auch Bilder von seinem Bein – eine andere Art abstrakter Darstellung – als fremd empfinden? Wenn ich ein Bild von meiner Hand betrachte, »versteht« mein Gehirn, daß es nur ein Bild von meiner Hand und nicht meine wirkliche Hand ist, unter anderem weil es keine inneren Eindrücke davon empfängt. In ähnlicher Weise erkennen Patienten mit »fremden« Gliedmaßen diese ohne Schwierigkeiten als ihre eigenen, *wenn sie sie in einem Spiegel betrachten*! Im Jahr 1978 kam beispielsweise Madame W., eine Frau von 64 Jahren, mit einer Lähmung ihrer linken Körperhälfte ins Krankenhaus.[13] Sie leugnete aber, gelähmt zu sein. Wenn man sie bat, ihre linke Hand zu bewegen, sagte sie »Hier!« und bewegte statt dessen die rechte. Wenn man ihr sagte, sie habe ihre rechte Hand bewegt, blickte sie unter die Bettdecke, und da sie die Hand nicht fand, verlor sie das Interesse an der Frage. Zeigte man ihr ihre linke Hand, so sagte sie: »Das ist nicht meine, sondern Ihre!« »Dann habe ich drei Hände«, antwortete der behandelnde Arzt, und Madame W. meinte: »Vielleicht.«

> »Als man ihr am folgenden Tag ... ihre linke Hand zeigte, griff sie ärgerlich danach und versuchte, sie den Ärzten zu überreichen. Sie betrachtete die Hand als ›fremd‹.
> Als man sie veranlaßte, ihren [linken] Oberarm mit der rechten Hand zu berühren, wobei man gleichzeitig dafür sorgte, daß sie nicht sehen konnte, was sie tat, erkannte sie ihn als ihren eigenen. Aber sobald sie die [linke] Hand betrachtete, erklärte sie, es sei die Hand des Arztes.
> Dieser Zwiespalt zwischen der Wahrnehmung des Körpers durch die rechte Hand und der Leugnung beim Betrachten brachte uns auf die Idee, die Patientin mit ihrem Spiegelbild zu konfrontieren. Wir stellten einen großen Spiegel an ihr Bett. Sie erkannte sich und meinte, sie sei dünner geworden. Wir baten sie, mit ihrer rechten Hand nach der linken zu suchen: Sie konnte sie nicht finden oder erkennen, obwohl sie beide Hände unmittelbar im Spiegel sehen konnte. Verhinderte man aber, daß sie die Hand direkt sah, so daß sie nur auf das Spiegelbild angewiesen war, erkannte sie sie sofort. Bat man sie nun, die linke Hand mit der rechten zu greifen, kam sie der Aufforderung ohne Schwierigkeiten nach. Gestattete man ihr dann, die linke Hand unmittelbar zu betrachten, ließ sie sie sofort los und sagte, sie gehöre nicht mehr zu ihr ... Schließlich war sie in der Lage, ihre gelähmte linke Körperhälfte im Spiegel wahrzunehmen, aber sie leugnete diese Tatsache sofort, wenn sie ihre linke Seite wieder [unmittelbar] beobachten konnte.«

Das Spiegelbild der Hand von Madame W. ist eine Abstraktion, ein Symbol, aber weder das Symbol selbst noch seine Bedeutung ist festgelegt. Bevor man ihr die Hand im Spiegel zeigte, leugnete sie, daß sie zu ihr gehörte (»Sie gehört Ihnen«); dann erkannte sie die Hand im Spiegel; danach sagte sie erneut, dieselbe Hand »gehört nicht mehr zu mir«. Nach meiner Überzeugung zeigt diese Abfolge, daß für diese sehr unterschiedlichen Reaktionen kein gespeichertes Bild der Hand verantwortlich sein kann; Madame W. ordnete vielmehr die »Erinnerung« an ihre Hand neu, wenn sich die Umstände änderten. Entscheidend für diese Neuordnung waren die unmittelbar vorausgehenden Umstände und die Art des Selbstbezugs. Sie konnte leugnen, daß die Hand zu ihr gehörte, wenn sie sie unmittelbar betrachtete, weil ihr ein *unmittelbares* Gefühl für den Selbstbezug fehlte. Nachdem sie aber das Bild ihrer Hand im Spiegel gesehen und sie dabei erkannt hatte (das Spiegelbild war eine abstraktere – »symbolische« – Form des Selbstbezugs) und nachdem man ihr dann ihre »richtige« Hand zeigte, leugnete sie nicht mehr, daß die Hand ihr gehörte, sondern sie behauptete nun, es sei »nicht mehr« die ihre (eine andere Form des Selbstbezugs, die sich auf die Vergangenheit bezieht). Die verschiedenen Formen des Selbstbezugs sind hier verschiedenartige Erinnerungen; die komplexe Struktur des Selbstbezugs und seine vielen verschiedenen Formen sind Teil der komplexen Struktur des Gedächtnisses.

Die Empfindlichkeit der Gedächtnisstruktur kann sich auch anders auswirken: Während manche Patienten ihre gelähmten Gliedmaßen als »fremd« betrachten, können andere mit andersartigen Symptomen wirklich fremde Gliedmaßen als ihre eigenen ansehen, und da sie die Lage eines Arms oder Beins nicht feststellen können, verhalten sie sich auch dann wie gelähmt, wenn sie es nicht sind. Mr. March, ein Patient, der in seiner linken Körperhälfte jedes Lagegefühl (Propriozeption) verloren hatte, konnte seinen linken Arm nur bewegen, wenn man ihn darum bat: »Man bemerkte eine gewisse Trägheit des linken Arms, sich an spontanen Bewegungen zu beteiligen.«[14] March hatte dagegen keine Probleme mit »Nichtbeachtung«. Anders als Babinskis Patientin bot er nie die rechte Hand an, wenn man ihn aufforderte, die linke zu heben. Er *versuchte* immer, seine linke Hand zu zeigen, obwohl er aufgrund seiner Verletzung nicht wußte, wo sie sich befand. In einem Experiment war seine linke Hand beispielsweise unter einem Tuch verborgen, und eine hinter ihm stehende Krankenschwester legte ihre Hand auf den Stoff; wenn man ihn nun bat, seine linke Hand in die rechte zu nehmen, ergriff er die Hand der Krankenschwester, sah sie an und streichelte sie.

March war nicht beunruhigt, daß er eine Frauenhand mit einem Diamantring und einem Armreif festhielt. Fragte man ihn, wo sein eigener Ring sei, so antwortete er: »Den hat man mir weggenommen.« Und warum, so die nächste Frage, trage er nun einen Armreif? »Den hat man mir angelegt.«

»Aber diese Hand ist ganz weiß und nicht so behaart wie Ihre.«

»Das liegt daran, daß sie gelähmt ist.«

Wenn die Krankenschwester ihre Hand bewegte und wenn man March dann fragte, warum er seine Hand bewegt habe, antwortete er, er könne nicht verstehen, warum sie sich bewegt habe. Schließlich konnte er sogar herausfinden, daß man ihn hereingelegt hatte, und von da an zog er jedesmal, wenn er die Hand der Schwester sich bewegen sah, den Schluß: »Sie bewegt sich, also gehört sie nicht mir.« Wenn man ihn anschließend bat, seine linke Hand zu bewegen und in die rechte zu nehmen, bewegte er die linke unter dem Tuch, nahm ohne Zögern die Hand der Schwester, die sich nicht bewegt hatte, und behauptete, es sei seine.

March benutzte also nie seine linke Hand, außer wenn man ihn dazu aufforderte, denn sein eigenes Gehirn wußte nicht, wo die Hand sich befand. Aber die Aufforderung des Arztes, sie zu bewegen, half ihm, die Lage seines Armes festzustellen:

> »[March] benutzt nie seine linke Körperhälfte ohne genaue Anweisungen ... Er kann aber seinen Arm oder sein Bein zeigen. Er hat ein ausgeprägtes Desinteresse, seine linke Seite zu mobilisieren. Er hält die Hand eines anderen leicht für seine eigene, trotz aller Ungereimtheiten, auf die man ihn hinweist. Er behauptet, seine Hand,

die normal beweglich ist, sei gelähmt, und wundert sich nur darüber, daß die Hand der Schwester, die er für seine eigene hält, sich bewegen kann.«

In einem weiteren Experiment wurde besonders deutlich, wie March auch Widersprüche akzeptierte: Nachdem er die Hand der Schwester auf seiner linken Seite als seine angesehen hatte, wurde das Tuch entfernt, das seine eigene Hand bedeckte; jetzt akzeptierte er beide linken Hände als zu ihm gehörig. Man erklärte ihm, er habe demnach zehn linke Finger. »Ich weiß nicht«, sagte er, »natürlich ist das merkwürdig.« »Und Sie haben zwei linke Hände?« »Ja, da wundert man sich.« Tief beunruhigt bot er verschiedene Erklärungen an; unter anderem vermutete er, man habe seine linke Hand vielleicht zweimal gezählt. Schließlich lernte er, seine linke Hand zu zwicken; wenn er dann in die Hand der Schwester kniff, sagte er: »Das ist nicht meine Hand, sie gehört einem anderen. Warum? Sie ist dünner und weißer, und außerdem trage ich keinen Ring.«

Bei March war es nicht die Frage, ob er auf seine linke Körperhälfte wie auf etwas »Fremdes« reagierte. Er konnte vielmehr seinen Arm nicht lokalisieren, weil ihm das Lagegefühl fehlte. Den Selbstbezug besaß er aber; er wußte, daß er einen Arm hatte, und deshalb betrachtete er einen linken Arm, der sich an der richtigen Stelle befand, als seinen eigenen. Nur wenn er sich durch Kneifen davon überzeugte, daß es sich wirklich um seinen Arm handelte, konnte er feststellen, welcher Arm ihm gehörte. Das fehlende Schmerzempfinden und der dadurch ebenfalls fehlende Selbstbezug sind also die Ursache, daß Gliedmaßen sich »fremd« anfühlen; bei fehlendem Lagegefühl glaubt der Betroffene dagegen, ein »fremdes« Glied gehöre zu ihm.

Besonders deutlich werden diese Vorgänge, wenn ein Kind sein Körperbild und sein Wissen über Raum und Gegenstände erwirbt. Für Säuglinge und Kleinkinder sind Bewegung, Bezugsrahmen und Körperbild miteinander verknüpft. Zum Zeitpunkt der Geburt ist das Neugeborene sich seiner vermutlich nicht bewußt. Seine Körperbewegungen, genetisch vorbestimmte Reflexe, bilden den Bezugsrahmen, und in ihm organisiert das Baby die Reize, mit denen es in seinen ersten Kontakten mit der Welt zusammentrifft; während das Gehirn diese Reize strukturiert, werden neue Reize nach und nach unter dem Gesichtspunkt der bereits geordneten »verstanden«. Die Beziehung zwischen Neuem und Altem führt zum ersten Heraufdämmern des Bewußtseins. In kleinen Schritten nimmt das Kleinkind, allerdings in sehr einfacher Weise, seine Umgebung wahr. Das geschieht mit Sicherheit so schnell, daß man den Eindruck haben kann, der Säugling habe bereits bei der Geburt Bewußtsein. Aber das Bewußtsein baut ständig auf sich selbst auf; sprachlich geformt ist es beispielsweise schon Jahre, bevor das Kind ein »volles« Bewußtsein erlangt, das es ihm erlaubt, komplexe Vorstellungen zu verstehen (wie wir in Kapitel IV sehen werden). Anfangs ist auf jeden Fall die Dynamik der Körperbewegungen der Bezugsrahmen, durch den das Baby anfängt, die Welt zu verstehen, selbst wenn es Gegenstände und Personen nicht unmittelbar berührt oder untersucht.

Im Alter von vier Monaten fängt ein Säugling beispielsweise an, die eine Hand häufiger zu beachten als die andere, obwohl beide Hände visuell ähnlich und gleichwertig sind. Das Kind nimmt die Asymmetrie seiner Hände wahr. Im Geist des Kindes beginnt ein asymmetrisches Körperbild zu entstehen, gleichzeitig mit einem ersten Verständnis für das Wesen der Gegenstände in seiner Umgebung. Wenn man die Mitte eines Stabes vor den Blicken eines Kindes verbirgt, wird es die beiden Enden, auch wenn sie verschieden gefärbt sind, als zusammengehörig erkennen, sofern sie sich gleichförmig bewegen; verändern die sichtbaren Enden ihre Lage dagegen nicht in gleicher Weise, behandelt das Kind sie auch dann, wenn sie die gleiche Farbe haben, als zwei Stäbe. Die Psychologen Kellman und Spelke schrieben über Kinder:

»Sie erwarten nicht, daß Oberflächen durch die Regelmäßigkeit ihrer Farbe oder Beschaffenheit verbunden sind, und auch die Qualität der Form, die man erzeugen kann, wenn man sie zusammenfügt, spielt keine Rolle. Kinder begreifen ... die Welt nämlich nicht als zusammengesetzt aus Dingen, die im allgemeinen einfach geformt sind und aus einheitlichen Substanzen bestehen ... Kinder nehmen Gegenstände wahr, indem sie die Bewegung von Oberflächen entdecken, und nicht, indem sie Farbe oder Form der Oberflächen analysieren.«[15]

Und die ersten Worte eines Kindes »hängen offensichtlich zum Teil davon ab, daß die räumliche Anordnung und Bewegung von Oberflächen sowie die Verbindung der Oberflächen zu Gegenständen entdeckt werden. Kleinkinder schätzen und lernen leicht neue Worte für verbundene, begrenzte Dinge.« Das Kind nimmt Bewegung wahr, und zwar nicht mit »Bewegungsdetektoren« im Gehirn, sondern weil die Bewegungswahrnehmung im Zusammenhang mit dem sich entwickelnden Körperbild steht. Deshalb hängt die Wahrnehmung der Welt auch bei Erwachsenen von einem dynamischen Körperbild ab. Man kann die Argumentation noch weiter treiben: Möglicherweise ist beim Kind das Erkennen von Bewegungen in seinen eigenen Körperteilen die Voraussetzung dafür, daß es bewegte Gegenstände wahrnimmt. Die Gesetzmäßigkeiten, nach denen das Körperbild und damit auch die Kenntnis der Gegenstände aufgebaut werden, zeigen die Bedeutung des Körperbildes für unser Verständnis der Welt. Die Vorstellungen von Raum, Gegenständen und Selbstbezug (dazu gehören auch die Gefühle, denn sie sind ein Teil der Struktur des Selbstbezugs) sind abhängig vom Körperbild, und man kann sie nicht voneinander trennen. Deutlich werden diese Zusammenhänge in einem Experiment des englischen Psychologen Richard Gregory:

»Er konstruierte einen selbstleuchtenden Würfelumriß. Man kann den Würfel so umdrehen, daß die dem Betrachter zugewandte Seite in der Dunkelheit die abgewandte zu sein scheint. Dann bittet Gregory die Versuchsperson, den Würfel zu drehen... Man beobachtet entweder eine seltsame visuelle Verformung des Würfels, oder das Objekt bleibt ein Würfel, aber dann fühlt sich das Handgelenk an, als würde es brechen.«[16]

Mit anderen Worten: Entweder verformt sich der Raum in bezug auf die Versuchsperson, oder das Körperbild wird deformiert! Der Selbstbezug ist allgegenwärtig.

Der Selbstbezugscharakter unseres Raumempfindens wird an einer anderen Art der »Nichtbeachtung« deutlich. In einem berühmten Fall, über den 1978 berichtet wurde, baten die italienischen Neurologen Bisiach und Luzzatti zwei Patienten mit »linksseitiger visueller Nichtbeachtung«, den ganzen Platz vor dem Mailänder Dom aus dem Gedächtnis zu beschreiben.[17] Wurden die Patienten aufgefordert, sich vorzustellen, daß sie mit dem Bauwerk im Rücken an der Domtür standen, dann »erinnerten« sie sich nur an die Gebäude auf der Seite des Platzes, die zu ihrer Rechten lag. Standen sie dagegen in Gedanken auf der gegenüberliegenden Seite des Platzes mit Blickrichtung zum Dom, konnten sie sich ebenfalls nur an die Gebäude zu ihrer Rechten erinnern. Bat man die Patienten aber, zuerst eine Seite des Platzes und dann die andere zu beschreiben, hatten sie dabei seltsamerweise keine Schwierigkeiten. Wie bei den bereits beschriebenen Fällen waren auch diese Patienten nicht in der Lage, eine bestimmte, sehr spezifische Art der Beziehung zu sich selbst herzustellen; sie hatten nicht das Körperbild verloren, sondern den visuellen linksseitigen Selbstbezug. Sie konnten sich ungeachtet ihres Standpunktes visuell nicht an die linke Seite des Platzes erinnern, weil sie keine Beziehung zwischen den optischen Reizen von links und sich selbst herstellen konnten, und deshalb gab es für sie dort nichts, was sie sich hätten vorstellen können.

Wenn man ihnen aber *sagte*, sie sollten erst die linke und dann die rechte Seite des Platzes beschreiben, verschob die Frage den Bezugsrahmen zu einer *verbalen* Wahrnehmung von rechts und links; nun war die Antwort nicht mehr abhängig von dem *visuellen* »Rechts« und »Links«, und sie war nicht durch ihr Blickfeld definiert; deshalb konnten sie nun einen Selbstbezug zu dem ganzen Platz herstellen.

Natürlich könnte man argumentieren, daß die Erinnerung an den ganzen Platz im Gehirn der Patienten vorhanden war; sie war für ihr Bewußtsein nur nicht immer vollständig verfügbar. Aber warum war der Erinnerungsverlust verknüpft mit der Struktur ihres Blickfeldes? Und wenn die Patienten sich aus der abstrakten verbalen Perspektive an den ganzen Platz erinnern konnten, warum waren sie dann nicht in der Lage, diese Erinnerung in einen Bezug zu bringen, wenn man sie exakt anwies, sich den Platz visuell vorzustellen? Es war nicht so, daß diese Patienten ihr linkes Blickfeld »nicht beachteten«, an das die Erinnerung irgendwo in ihrem Gehirn vorhanden war. Vielmehr existierte der Raum für sie visuell nicht mehr, obwohl er noch eine abstrakte verbale Bedeutung hatte, auf die sie sich beziehen und die sie in verbaler Form wiedergeben konnten. Ihr Gesichtsfeld war anders strukturiert, und das gleiche galt auch für ihre Erinnerung im Zusammenhang mit diesem Raumabschnitt.

Wenn ein derartiger Verlust des Selbstbezuges das Raumgefühl eines Patienten verformt, dann verändert der Verlust des visuellen Raums auch das Körperbild. Das geschieht beim Erblinden. John Hull, der mit 24 Jahren blind wurde, gibt in seinem Buch *Touching the Rock* eine lebhafte Beschreibung vom Verlust des Körperbildes:

> »Ich fühle mich, als wäre ich an den Grenzen des bewußten Lebens, nicht nur in dem buchstäblichen Sinn, daß ich in den Schlaf hinein- und aus ihm herausgleite, sondern auch in einem tieferen und beunruhigenderen Sinn. Ich empfinde, als ob ich aufhören möchte zu denken und zu erleben. Das Fehlen eines Körperbildes macht es

noch schlimmer: Man kann nicht an sich hinunterblicken und die beruhigende Fortsetzung des eigenen Bewußtseins in den Umrissen des eigenen Körpers erkennen... Es gibt keine Fortsetzung der Wahrnehmung im Raum... Ich löse mich auf. Ich bin nicht mehr an einer bestimmten Stelle konzentriert, was durch die Einheit des Körpers symbolisiert wäre.«[18]

Mit seiner Sehfähigkeit verlor Hull auch das geistige Bild vom Raum. Dabei wurde kein gespeichertes Bild vom Raum ausgelöscht: Die Vorstellung vom Raum selbst verschwand, weil Hull keinen visuellen Bezugsrahmen, kein visuelles Körperbild mehr hatte. Für einen Blinden zerstört der Verlust des visuellen Körperbildes anfangs die Raumvorstellung, den visuellen Selbstbezug und viele Kenntnisse, die zwangsläufig damit verknüpft sind. Kurz nach seiner Erblindung berichtete Hull: »Manchmal habe ich das Gefühl, in der Blindheit begraben zu sein. Ich werde immer tiefer hineingetragen. Das Gewicht drückt mich nieder. Solches Wissen, wie ich es habe, verschwindet.« Sein einziger Bezugspunkt wurde ein Körper, der keine räumliche Ausdehnung hatte: »Ich komme zurück auf das eine, was ich weiß. Da ist mein Körper, er sitzt hier auf der Bettkante, zitternd und schwitzend. Da ist der Druck in meinem Magen, das Hämmern in meinen Schläfen. Ich höre mich atmen. Ich fühle mein Herz pochen. Ich weiß nicht, was da draußen ist; ich weiß, was hier drinnen ist.«[19]

Dieses Körperbild, das durch *innere* Wahrnehmungen entsteht, ist entscheidend für die Erinnerung des Blinden:

»Von Zeit zu Zeit, hinter und jenseits der zufälligen visuellen Eingebung, liegt etwas Tieferes, das man als Körpergedächtnis bezeichnen kann. Es enthält nicht so sehr die Erinnerung daran, wie die Dinge aussehen, sondern daran, wie sie sich angefühlt haben. Die lebhaftesten derartigen Erinnerungen beziehen sich gewöhnlich nicht auf ein bestimmtes Ereignis, sondern auf etwas, das regelmäßig geschieht...

So verhält es sich mit den Erinnerungen des blinden Erwachsenen. Sie konzentrieren sich auf das, was sein Körper erlebt oder durchgemacht hat. Das ist etwas ganz anderes als das visuelle Gedächtnis ...«

Hulls Gefühl für die Vergangenheit ist reduziert auf innige, momentane Empfindungen seines Körpers im Raum; er bewegt sich in einer Welt, die er einst auf ganz andere Weise kannte:

»Mein Gedächtnis ist wie das einer Schnecke. Mein Körper kann sich an den kleinen Streifen des Erdbodens erinnern, über den ich mich hinwegbewegt habe, und die Erinnerung besteht aus winzigen Einzelheiten, die so klein sind, daß sie aus der Sicht einer Katze oder eines Hundes bedeutungslos erscheinen ...
Wenn ich versuche, mir meinen Weg [von zu Hause zum Büro] vorzustellen, fühle ich in Wirklichkeit im voraus die Empfindungen, die mein Körper zu verschiedenen Zeiten (d.h. an verschiedenen Orten) auf dieser Strecke haben wird ... Was mehr als einen knappen Meter rechts oder links von diesem Pfad entfernt liegt, bedeutet mir nichts. Es ist nicht Teil meines Erlebens, außer wenn es als Verkehrslärm oder Vogelgezwitscher zu mir dringt. Wo ich stehe, weiß ich durch meine Fußsohlen und durch die Spitze meines Stocks.«[20]

Hulls Erinnerungen, die auf ein Körperbild aus Tasten, Hören und inneren Empfindungen reduziert waren, veränderten sich ebenfalls. Sie waren nicht mehr visuell. Er verarbeitete seine Erinnerungen jetzt als Blinder. Die Erinnerung stellt nämlich Beziehungen zum jetzigen Ich her; ein bewußtes Bild von der Vergangenheit entsteht durch die Zusammenfassung vergangener Erlebnisse und gegenwärtiger Realität nach den Maßstäben des Ich.

Der Blinde, der auf den Blickwinkel einer Schnecke reduziert ist, der Patient, der die linke Seite eines Raums wegläßt, wenn man ihn auffordert, sich einen bestimmten Standpunkt vorzustellen und zu beschreiben, was er sieht, und der Patient, der sein Bein als »fremd« betrachtet – all das sind Beispiele für eine tiefgreifend veränderte Subjektivität und die daraus folgende Verwandlung individueller Kenntnisse und Erinnerungen. Blindheit reduziert das Körperbild auf eine Fläche, die mit dem Boden in Berührung steht; der visuelle Raum geht verloren und mit ihm auch Ausdehnung und Richtung. Geräusche können dem Blinden in einem gewissen Umfang wichtige Hinweise über Raum und Ausdehnung liefern, aber ihnen fehlt die Kontinuität, die visuelle Reize dem Sehenden bieten, und deshalb sind solche Hinweise im besten Fall zusammenhanglos. Erinnerungen verändern sich ebenfalls oder gehen scheinbar verloren, wenn der Blinde sich an seinen neuen Bezugsrahmen anpaßt. Auch in den Fällen sogenannter »visueller Nichtbeachtung« führt die Zerstörung der Fähigkeit des Gehirns, den Körper zu einem Raumabschnitt in Beziehung zu setzen, zu einem scheinbaren Erinnerungsverlust. In Wirklichkeit geht dabei nicht die Erinnerung verloren, sondern der visuelle Selbstbezug wird eingeschränkt. Das gleiche geschieht weitgehend auch bei Patienten mit »fremden« Gliedmaßen. Alle diese Fälle deuten nicht auf den Verlust irgendwelcher Erinnerungsspuren hin, sondern auf den subjektiven Charakter des Gedächtnisses und seine innige Verknüpfung mit dem Bewußtsein.

Die klassische Neurologie versäumte es, der Subjektivität des bewußten Ich Beachtung zu schenken, und deshalb konnte sie keine befriedigende Erklärung für die beunruhigenden Veränderungen des Körperbildes bieten, welche die Ärzte bei ihren Patienten aufdeckten. Einige grundlegende Eigenschaften der Geistesfunktion waren in die Modellvorstellungen vom Gehirn nicht eingegangen; beispielsweise wurde die Zeitvorstellung, die für Gedächtnis und Bewußtsein von entscheidender Bedeutung ist, in keinem Schema der Diagrammzeichner berücksichtigt.

Gegen Ende des neunzehnten Jahrhunderts beschrieb der russische Neurologe Sergei Korsakow (1853–1900) Patienten, die anscheinend auf bestimmte Zeitabschnitte beschränkte Gedächtnisblöcke verloren. In den fünfziger Jahren überzeugte eine Zufallsentdeckung viele Neurologen und Psychologen, daß die zeitlichen Aspekte der Erinnerung – und besonders die Verluste, die Korsakow beschrieben hatte – durch die Anatomie vorbestimmt sind, ganz ähnlich wie in Wernickes Theorie, nach der verschiedenartige Erinnerungen in unterschiedlichen Gehirnbereichen gespeichert werden. Sie störten sich dabei nicht an der Frage, woher das Gehirn weiß, daß verschiedene Erinnerungen tatsächlich aus unterschiedlichen Lebensabschnitten des Betreffenden stammen. Wie erzeugt das Gehirn die ursprüngliche Zeitwahrnehmung? Diese entscheidende Frage wurde übergangen. Wie wir noch sehen werden, ist die Zeitvorstellung als solche ein wichtiges Ergebnis der Subjektivitätsmechanismen. Sie ist Teil der Vorstellung vom Bewußtsein.

III

IN EINER WELT OHNE ZEIT

Im Jahr 1887 lenkte Sergei Korsakow die Aufmerksamkeit auf ein seltsames Gedächtnisversagen, das bei manchen neurologischen Krankheitsfällen auftrat:

> »Diese geistige Störung erscheint manchmal in Form einer scharf abgegrenzten nervösen Schwäche der geistigen Sphäre, manchmal auch in Form von Verwirrung mit charakteristischen Fehlern bei der Orientierung in Ort, Zeit und Situation, in wieder anderen Fällen als fast reine Form akuter Amnesie, wobei das Kurzzeitgedächtnis am stärksten betroffen ist, während das Langzeitgedächtnis recht gut erhalten bleibt... Am verblüffendsten ist in diesen Fällen, wie Patienten, die alles um sich herum gut begreifen und eine ernsthafte Unterhaltung führen können, gleichzeitig an einem so breitgestreuten Gedächtnisverlust leiden, daß sie buchstäblich alles sofort vergessen.«[1]

Über das genaue Wesen und das Ausmaß solcher Gedächtnisverluste gibt es noch zahlreiche offene Fragen, aber der Verlust des Kurzzeitgedächtnisses bei gleichzeitiger Erhaltung älterer Erinnerungen gilt heute als eigene Gehirnkrankheit, die man als Korsakow-Syndrom bezeichnet. Korsakows eigene Beschreibung des Leidens ist jedoch seltsam unzulänglich. Die Unterscheidung zwischen »Kurz-« und »Langzeitgedächtnis« bezieht sich überhaupt nicht auf das Gedächtnis, sondern sie bezeichnet unterschiedliche Wege, wie das Gehirn Kenntnisse strukturiert. Eine solche neurologische Krankheit einfach als Gedächtnisverlust zu betrachten, heißt, ihre weitaus größere Bedeutung zu übersehen. In

Wirklichkeit sind Kurz- und Langzeitgedächtnis sowohl in Qualität als auch in Struktur unterschiedlich; unsere Erinnerung an Ereignisse, Personen und Situationen, denen wir in der entfernten Vergangenheit begegnet sind, und ihre Beziehung zu unserem heutigen Ich ist ganz anders als unsere Sichtweise für Ereignisse, die eine Woche, einen Monat oder auch ein Jahr zurückliegen. Lang- und Kurzzeitgedächtnis sind verschiedene Arten des Denkens; Langzeiterinnerungen sind eigentlich Abstraktionen des tagtäglichen Daseins, und unser Zeitgefühl ist, wie auch das Empfinden zeitlicher Veränderungen, selbst eine Abstraktion. In Wirklichkeit beziehen wir unser Zeitgefühl aus den qualitativen Unterschieden zwischen Lang- und Kurzzeiterinnerungen.

Das Korsakow-Syndrom sagt eine Menge darüber aus, wie unser Gehirn das Wissen strukturiert – und das Gedächtnis ist ein Teil dieser Struktur. Der Verlust kurzfristiger Erinnerungen ist ein Verlust einer bestimmten Wissensstruktur, einer bestimmten Art, wie das Gehirn offenbar Reize organisieren kann; anders gesagt, ist es ein Verlust einer bestimmten Form der Subjektivität oder des Bewußtseins. Das Korsakow-Syndrom weist darauf hin, daß es nicht verschiedene Arten von Erinnerungen und zugehörige unterschiedliche Speicherbereiche gibt, sondern daß verschiedene Arten von Subjektivität und damit unterschiedliche Formen von Wissen existieren und daß alle diese Formen von Subjektivität und Wissen untereinander in Beziehung stehen. Gedächtnis ist kein isoliertes Phänomen, sondern der Ausdruck subjektiver Zustände, die durch die Gehirntätigkeiten entstehen. Infolgedessen ist auch unsere Zeitwahrnehmung ein unentbehrlicher Bestandteil dieser subjektiven Struktur des Gehirns.

Das Korsakow-Syndrom ist die Folge einer tiefgreifenden Veränderung in Struktur und Wesen des Ich – oder der Ichs –, die vom Gehirn erzeugt werden. Oliver Sacks beschrieb beispielsweise in den achtziger Jahren einen Patienten, der auf die Frage »Wie fühlen Sie sich?« folgendermaßen antwortete:

»Wie fühle ich mich«, wiederholte er und kratzte sich am Kopf. »Ich kann nicht sagen, daß ich mich krank fühle. Aber ich kann auch nicht sagen, daß ich mich wohl fühle. Ich kann nicht sagen, daß ich überhaupt etwas fühle.«
»Sind Sie unglücklich?«
»Das kann ich nicht sagen.«
»Macht Ihnen das Leben Spaß?«
»Das kann ich nicht sagen...«
»Welches Gefühl haben Sie dann in Ihrem Leben?«
»Ich kann nicht sagen, daß ich überhaupt ein Gefühl habe.«
»Fühlen Sie sich trotzdem lebendig?«
»Ob ich mich lebendig fühle? Nein, eigentlich nicht. Ich fühle mich schon seit langem nicht mehr lebendig.«

Aber Sacks' Patient konnte sich an Vergangenes erinnern; er erschien wie ein junger Mann, der nie erwachsen geworden war:

»Seine Gefühle, seine arglose Verwunderung, sein Kampf, dem Gesehenen einen Sinn zu geben, das waren genau die Eigenschaften eines intelligenten jungen Mannes aus den vierziger Jahren, der sich der Zukunft gegenübersah, konfrontiert mit dem, was noch nicht geschehen war und kaum vorstellbar erschien... Sein Abbruch ungefähr um 1945 ist echt... Was ich ihm zeigte und erzählte, erzeugte die gleiche ursprüngliche Verblüffung wie bei einem intelligenten jungen Mann des Vor-Weltraumzeitalters.«[2]

Ein bedeutsames neues Licht auf einige Gesichtspunkte dieser Krankheit warfen Berichte von Brenda Milner und W. B. Scoville aus dem Jahr 1957: Nach chirurgischer Entfernung eines Gehirnteils, den man als Hippokampus bezeichnet, verlor der Patient H. M. kurzfristige Erinnerungen, während die langfristigen erhalten blieben.[3] Es handelte sich bei diesem Patienten nicht um genau die gleiche Störung wie bei den Korsakow-Kranken, denn er konnte sich an ein Erlebnis bis zu 15 Minuten lang erinnern, während unmittelbar vorausgegangene Ereignisse bei Korsakow-Patienten nur wenig oder überhaupt nicht festgehalten wurden. Dennoch führte diese Entdeckung zu einer Reihe von Vermutungen darüber, wie entscheidend der Hippokampus bei der Umwandlung von Kurzzeit- in Langzeiterinnerungen mitwirkt. In den siebziger Jahren verwarf man solche Vorstellungen jedoch zugunsten anderer Theorien über das Langzeitgedächtnis. Man argumentierte zum Beispiel, die Bedeutung der Worte und anderer verbaler Symbole seien getrennt von den Erinnerungen an persönliche Erlebnisse gespeichert, und solche verbalen Erinnerungen gelangten unmittelbar ins Langzeitgedächtnis, wobei die Mechanismen der Kurzzeiterinnerung umgangen werden.[4] Seltsamerweise zog aber niemand die Möglichkeit in Betracht, daß diese verschiedenen Arten des Gedächtnisses untereinander im Zusammenhang stehen könnten; die neurologischen »Indizien« für ihre Unabhängigkeit gründeten sich nämlich auf die Voraussetzung, daß der Name, den ein Patient einem Gegenstand gab, für ihn das gleiche bedeutete wie für den Untersuchenden. Man übersah die tiefgreifenden Veränderungen in der subjektiven Welt der Patienten, insbesondere den aufschlußreichsten aller Hinweise: Die Patienten hatten das Zeitgefühl verloren. Was bedeutete es, wenn ein Patient sich an ein Erlebnis aus der entfernten Vergangenheit »erinnerte«, wenn er wenig oder gar keine Vorstellungen von der Gegenwart hatte? Selbst die scheinbar objektive Benennung von Gegenständen war unzuverlässig. Was bedeutet zum Beispiel der Begriff »Uhr« für einen Patienten, der kein echtes Zeitgefühl hat? Oder der Begriff »Tasse«, der normalerweise an das morgendliche Frühstück oder den Nachmittagskaffee mit Freunden erinnert? Mit Gegenständen verbinden sich nicht nur zeitliche Assoziationen, sondern »was sie für einen Menschen darstellen«, läßt sich nicht vom Zeitempfinden dieser Person trennen.

Auf welche Weise läßt sich genauer einschätzen, wie wichtig der Hippokampus für die Bestimmung der Wahrnehmungen über uns selbst ist? Der Hippokampus ist anatomisch eng mit Gehirnteilen verbunden, die innere Körpervorgänge wie Herzschlag, Verdauung und Atmung steuern; man könnte demnach plausibel argumentieren, daß eine Verletzung des Hippokampus die Zusammenhänge zwischen inneren und äußeren Reizen zerstört und damit auch die Fähigkeit beseitigt, ein »Gedächtnis« zu schaffen, das in einer bedeutungsvollen Beziehung zum Ich steht. Aber langfristige Erinnerungen erfordern genau wie kurzzeitige (und sogar verbale) ein Ichgefühl; sie entstehen ebenfalls in Bezug zu dem Ich, dessen Erinnerungen sie sind. Worin unterscheidet sich das »Ich« mit langfristigen Erinnerungen von dem »Ich« mit Kurzzeiterinnerung (oder worin ist es ihm ähnlich)? Und, was vielleicht noch wichtiger ist: Kann man diese »Ichs« wirklich als unabhängig bezeichnen? Sie müssen mit Sicherheit voneinander abhängig sein. Das »Ich«, das mit der Vergangenheit verbunden ist, ist eine Abstraktion des selbstbezogenen »Ich«, das die unmittelbare Beziehung zu seiner Umwelt herstellt.

In dem augenblicklichen, ichzentrierten Universum werden alle Gegenstände und Handlungen im Hinblick auf das individuelle »Ich« verstanden; in einer abstrakteren Welt, die dadurch entsteht, daß das Gehirn die augenblicklichen Reize verallgemeinert, kann das Ich wahrnehmen und verstehen, daß Menschen, Handlungen und Gegenstände sich auch aufeinander beziehen können; das ist die Welt des Ich, des Du und der anderen. Die Fähigkeit, solche Unterscheidungen in der augenblicklichen Welt zu treffen, hängt davon ab, daß das »Ich« ähnlich wahrgenommen wird wie jenes »Ich«, das im Zusammenhang mit früheren Ereignissen, Menschen und Orten strukturiert wurde. Wenn ich auf der anderen Seite nicht mehr fähig bin, eine unmittelbare Beziehung zur Umwelt länger als ein paar Sekunden oder Minuten aufrechtzuerhalten, muß auch meine Fähigkeit zur Schaffung neuer Abstraktionen stark eingeschränkt oder gar nicht mehr vorhanden sein, obwohl die Abstraktionen, die ich vor meiner Verletzung vollzogen habe, vielleicht noch erhalten sind. Dann sieht es so aus, als hätte ich ein Langzeit-, aber kein Kurzzeitgedächtnis. Aber sind solche »Langzeiterinnerungen« wirklich Erinnerungen im herkömmlichen Sinn des Wortes? Sie können keinerlei Beziehung zum Gegenwärtigen haben; sie sind aus den Fugen. Es scheint zwar so, als ob ich mich an die Vergangenheit erinnere, aber von meinem Standpunkt aus ist es gar nicht die Vergangenheit, denn die herkömmliche Vorstellung von einem Früher steht immer in einer Beziehung zum Gefühl für das Jetzt, und diese Beziehung fehlt mir. Ein untersuchender Arzt betrachtet meine Erinnerungen als Gedanken an die »Vergangenheit«, als mein »Langzeitgedächtnis«, aber diese Beschreibung erfaßt nicht den subjektiven Charakter derartiger geistiger Abläufe. In Wirklichkeit sind sie vermutlich anders als alles, was ein Gesunder überhaupt kennen kann.

Wenn ein Korsakow-Patient beispielsweise sagt: »Ich fühle mich seit langer Zeit nicht mehr lebendig«, dann beschreibt er ein Gefühl von Lebendigsein, das weitgehend nicht mit der unmittelbaren Gegenwart verknüpft ist. Und, was am seltsamsten ist: Solche Patienten haben in einem gewissen Umfang das Gefühl für den eigenen Körper verloren. Denn was bedeutet »sich nicht lebendig fühlen« sonst? Dieser Verlust des Körperbildes und damit auch des Ichgefühls in der Gegenwart ist irgendwie durch die Schädigung des Hippokampus (oder der mit ihm verbundenen Bereiche) entstanden. Und er steht auch im Zusammenhang mit dem merkwürdigen Zustand, daß das »Langzeitgedächtnis« erhalten bleibt, während das »Kurzzeitgedächtnis« fehlt.

Einen der ersten Berichte über den Verlust des Kurzzeitgedächtnisses verfaßten die französischen Neurologen H. Mabille und A. Pitres im Jahr 1913. Ihr Patient, der achtundvierzigjährige Henri Baud, war seit 13 Jahren in einem Krankenhaus in La Rochelle. Er konnte sich an nichts erinnern, das nach seinem dreizehnten Lebensjahr geschehen war.[5] In seinem Alltagsleben war Baud »wie ein Automat, ruhig und gleichgültig gegenüber dem, was um ihn herum vorging. Er hatte keine Erinnerung an das, was er sah, was er tat oder an die Menschen in seiner Umgebung.« Er hatte kein Gefühl für die Stetigkeit der Gegenwart, keine Ziele, kein langfristiges Verständnis dafür, wie Handlungen zusammenhingen, sondern allenfalls ein flüchtiges Empfinden für seine Umwelt und ein flüchtiges Gefühl für sich selbst. Er führte alle Handlungen mittels Nachahmung aus, als ob er sein Ichgefühl einzig aus der Imitation anderer bezog. Und er zeigte nicht die geringste Sorge, daß er nicht verstehen könnte, was er tat. Die Nachahmung war vermutlich ein Versuch zu verstehen, aber der schlug fehl, denn Baud hatte kein Gefühl für ein kontinuierliches Ich, das die nachgeahmten Handlungen verknüpfen und zueinander in Beziehung setzen konnte; ein solches Gefühl hätte er besitzen müssen, um sich seiner selbst bewußt zu werden und um wahrzunehmen, daß es etwas zu verstehen gab. Morgens zog er sich nur an, wenn andere das gleiche taten, und im Laufe des Tages führte er im Garten verschiedene Tätigkeiten aus, wobei er andere, die gärtnerische Versuche unternahmen, nachahmte. »Allein war er nicht in der Lage, Werkzeuge zu benutzen oder Aufgaben durchzuführen. Und wenn er nicht in Begleitung war, konnte er auch nicht von einer Stelle zur anderen gehen.«

Das völlige Fehlen des Ichgefühls zeigte sich auch in seiner Unfähigkeit, seine Beziehungen zu anderen zu verstehen:

»In seinen persönlichen Beziehungen zeigte er einen außergewöhnlichen Mangel an Wahrnehmung. Er erkannte seine Kameraden nicht, er dankte ihnen keinen Gefallen, den sie ihm taten, und er zeigte keine Vorliebe für die eine oder andere Person. Er hatte keine Freunde und keine Feinde; jeder war für ihn ein Fremder... Er sprach selten spontan jemanden an, aber wenn man sich an ihn wandte, blickte er den Betreffenden starr an und sagte fast immer:

›Ich glaube, ich kenne Sie... Ich habe Sie schon gesehen, aber ich weiß nicht, wo... vermutlich in Paris.‹ Er sagte das zu Leuten, die er zum erstenmal sah, genauso wie zu denen, mit denen er täglich zusammentraf.«

Baud aß, wenn die anderen aßen, ungeachtet der Qualität des Essens und unabhängig davon, ob er schon gegessen hatte oder nicht. Er hatte keine Erinnerung an das Essen. »Wir haben ihn ein paar Aloen probieren lassen, und er fand sie sehr bitter«, schrieben Mabille und Pitres. »Zwanzig Sekunden später fragten wir ihn, ob wir ihm etwas Gutes zu essen gegeben hätten. Er antwortete, er hätte überhaupt nichts gegessen und sei hungrig.«

Und doch hatte er gelegentlich für kurze Augenblicke das Gefühl, daß er verstand, daß er wußte, was er tat. Aber das waren einzelne Vorfälle ohne Zusammenhang mit irgend etwas, das um ihn herum vorging. Wenn er zum Beispiel eine Meinung hatte und andere ihm nicht zustimmten, wurde er verärgert, aufdringlich und schließlich gewalttätig. »Eigentlich von sanfter Wesensart, konnte er es nicht ertragen, wenn man ihm widersprach... Er wurde gewalttätig, warf sich auf jeden, der ihm nicht zustimmte, und versuchte ihn zu würgen. Aber wenn die Diskussion beendet war, zeigte er nicht die leiseste Spur von Verbitterung, sondern benahm sich, als sei nichts geschehen.« Sein Ärger drückte ein momentanes Ichgefühl aus, ein Gefühl von Verstehen. Aber es war zu stark isoliert, und dann wurde er gewalttätig, weil er darauf bestand, daß die Menschen seine Isolation begriffen; danach entschwand sein Ärger in seine nicht erinnerte Vergangenheit.

Wenn man Henri Baud nach Dingen aus seiner Vergangenheit fragte, und nur auf eine solche Frage hin, schien er sich zu erinnern. Aber man kann sehen, daß das Gewohnheitsantworten waren; selbst wenn sie sehr genau schienen, waren sie doch Teile eines Verhaltensmusters. Fragte man ihn »Lieben Sie Frauen?«, so konnte er antworten: »Ja, sehr.« Fragte man ihn weiter: »Haben Sie eine Geliebte?«, so schien er eine genaue Antwort zu geben: »Ja, zur Zeit habe ich eine Freundin in der Rue Cambacérès, und ich bin ihr Geliebter. Man bemüht sich sehr um sie, und ich gehe jeden Samstagabend hin.« Auf die Frage: »Wann haben Sie sie zuletzt gesehen?« antwortete er: »Letzten Samstag«, obwohl er das Krankenhaus seit 13 Jahren nicht verlassen hatte. Es waren gewohnheitsmäßige Handlungen und gewohnheitsmäßige Gedankengänge, aber keine Anworten über erinnerte Einzelereignisse. Sie schienen genau zu sein, aber in Wirklichkeit entsprachen sie nur einem damals allgemein üblichen Verhaltensmuster.

Wenn wir uns an die Vergangenheit erinnern, denken wir auf eine allgemeinere oder abstraktere Weise, als wenn wir uns einzelne Ereignisse ins Gedächtnis rufen. Entfernte Erlebnisse werden spezifisch – das heißt, sie beziehen sich auf ein spezifisches Ereignis in unserer Vergangenheit –, wenn wir sie zu unserer jetzigen Welt in Beziehung setzen können. Wenn Baud behauptete, er habe seine Geliebte »letzten Samstag« gesehen, dann hatte er keine Vorstellung vom augenblicklichen Wochentag, Monat oder Jahr; er konnte keinen bestimmten Samstag meinen, weil er nicht verstand, wie sich der »letzte Samstag« auf seine Gegenwart bezog; genausowenig konnte er die Vorstellung »Samstag vor zwei Wochen« verstehen, außer als allgemeine Formel in einem Verhaltensmuster. Er konnte den Fragen des Arztes einen gewissen Sinn beimessen und darauf antworten, denn er hielt kurze Erlebensperioden (etwas über 20 Sekunden) in seinem Kopf aufrecht. Aber da er dazu über längere Zeiträume (Tage oder Wochen) nicht in der Lage war, konnten seine Antworten vermutlich in keinerlei allgemeiner Beziehung zu seiner gegenwärtigen Erfahrung stehen. Seine scheinbar spezifischen »Erinnerungen« waren nur Anzeichen für den größeren, abstrakten Charakter seines Gefühls für die Vergangenheit, eine abstrakte Wahrnehmung, die wir, die wir nicht eine solche Verletzung erlitten haben, unmöglich beschreiben können. Wir können uns nicht vorstellen, was »letzten Samstag« für Baud bedeutete. Sogar seine Erinnerung an die Stadt La Rochelle, wo er im Krankenhaus war, gehörte zu einer allgemeinen Art des »Denkens« über die Vergangenheit, von der wir eingestehen müssen, daß sie für uns ein Rätsel bleibt. Die Worte La Rochelle erinnerten ihn an eine Nacht in einem Bordell; das war alles, was er über La Rochelle wußte:

»Kennen Sie La Rochelle?«
»Ja, ich bin dort vor einiger Zeit gewesen.«
»Warum?«
»Um herumzulaufen.«
»Wo haben Sie gewohnt?«
»In der Rue des Voiliers.«
»Kennen Sie dort jemanden?«
»Nein. Man hatte mir die Adresse gegeben und mir gesagt, es sei ein guter Ort, um schöne Frauen zu finden ... Deshalb bin ich hingegangen, habe eine Frau gefunden und mit ihr geschlafen. Dann bin ich nach Paris zurückgefahren.«
»Haben Sie in La Rochelle irgend etwas Interessantes gesehen?«
»Absolut nichts.«
»Haben Sie das Meer gesehen?«
»Nie. Aber ich würde es sehr gerne einmal sehen.«
»Sind Sie später noch einmal in La Rochelle gewesen?«
»Nein, nie.«

Aber wie messen wir den Ablauf der Zeit? Die Vergangenheit wird wirklich spezifisch nur in Beziehung zur unmittelbaren Gegenwart; und Zeit im unmittelbaren Sinn wird gemessen durch unsere körperliche Beziehung zu unserer Umwelt, das heißt durch unsere Körperbewegungen. Nach den Worten des blinden John Hull messen Menschen, die sehen können, »die Zeit, indem sie Bewegung sehen«. Aber Blinden ist diese Wahrnehmung der Zeit als visuelle Beziehung zwischen dem einzelnen und seiner Umgebung verwehrt; ein Blinder ist auf die Haltung des eigenen Körpers beschränkt und kann Zeit nur danach beurteilen, wie lange der Körper in Bewegung war. Da der Blinde kein Gefühl für den Abstand körperlicher Ziele hat, nimmt er Ereignisse wahr, nachdem sie geschehen sind, nicht während sie geschehen; die Welt des Augenblicks ist für ihn verloren, und die der Zukunft ist nur schwer zu beurteilen. Die Abhängigkeit von Körperbewegungen wird eintönig, und Blinde haben das Gefühl, als ob die Zeit kaum vorangeht. Sie erleben, wie Hull sagt, eine »Zeitinflation«.[6] Natürlich haben Blinde noch ein Gefühl für die Gegenwart; sie können Beziehungen zwischen den Ereignissen von gestern und heute herstellen, aber vermutlich haben sie das Gefühl, daß das eine riesige Zeitspanne ist. Wenn aber die Gegenwart, wie im Fall von Henri Baud, praktisch verlorengegangen ist, wird die »Zeitinflation« unendlich, und Erinnerungen werden merkwürdige Abstraktionen ohne zeitliche Bedeutung.

Den krassen Gegensatz zu den bisher beschriebenen Patienten bilden Personen, deren »ichzentrierte« Weltsicht zu der Unfähigkeit führt, einen anderen Blickwinkel als den eigenen zu verstehen. »Ich« im Unterschied zum »Du« gibt es für sie nicht; sie können zwar wahrnehmen, daß ein »Gegenstand« in Beziehung zum Ich existiert, aber nicht in Beziehung zu einem anderen Objekt. In der herkömmlichen Literatur ist davon die Rede, daß diese Patienten ein Kurzzeit-, aber kein Langzeitgedächtnis besitzen. Aber auch hier werden solche Begriffe den tieferen psychologischen und physiologischen Unterschieden nicht gerecht.

Adhémar Gelb und Kurt Goldstein beschrieben beispielsweise 1933 eine Patientin, die »niemanden mehr wirklich kennt, außer sich selbst; Dinge haben nur einen Wert im Hinblick auf sie selbst... Diese ichzentrierte Einstellung ... ist nicht die Folge einer moralischen Veränderung, sondern sie spiegelt Wandlungen einer allgemeineren Haltung wider... Besonders deutlich ist das in ihrer Verwendung der

Sprache.«[7] Die Patientin war beispielsweise zunächst nicht in der Lage, einige weibliche Vornamen aufzuzählen; als Gelb und Goldstein darauf bestanden, nannte sie schließlich vier Namen, die sie als die ihrer vier Schwestern identifizierte. Auch eine allgemeine Aufzählung von Tiernamen konnte sie zunächst nicht geben, und als sie schließlich doch einige nannte, erklärte sie, das seien diejenigen, auf die man bei einem Spaziergang durch den Zoo stoße – und sie nannte die Namen genau in der Reihenfolge, in der sie ihr bei ihren Rundgängen durch den zoologischen Garten begegnet waren. Sie war nicht in der Lage, eine Sammlung von Wollfäden nach der Farbe zu sortieren, aber sie konnte die Fadenstücke in einem Muster anordnen, das in ähnlicher Form in ihrer Kleidung oder ihrem Schultertuch vorkam. Zwang man sie, die Wollfäden nach der Farbe zu ordnen, wurde sie erregt und erklärte: »Das ist völlig falsch. Das geht nicht.« Worte mit übertragener oder abstrakter Bedeutung konnte sie nur im ursprünglichen Sinn verstehen. (Das Wort »Backfisch« bedeutete für sie »Backe Fisch!«) Sprichworte oder Vergleiche verstand sie nicht. »Die Patientin konnte alle gewöhnlichen Gegenstände ohne Schwierigkeiten benennen«, berichtet Goldstein, »aber die Benutzung der Worte verband sich nicht mit einer begrifflichen Einstellung zu den Gegenständen. Man hatte den Eindruck, daß diese Worte für sie einen anderen Sinn hatten als für einen Gesunden.«[8]

Allgemein war die Patientin von Gelb und Goldstein nicht in der Lage, Substantive in einem abstrakten Sinn zu verstehen; sie konnte die Worte jedoch begreifen, wenn sie ihnen in konkreten Situationen begegnete, an denen sie aktiv beteiligt war. Einfache Beschreibungen von Vorgängen, die sie nicht unmittelbar betrafen, waren jenseits ihres Begriffsvermögens, aber komplizierte Schilderungen von Angelegenheiten, die sie direkt berührten, verstand sie leicht.

Am verblüffendsten war, daß die Patientin nie von sich aus sprach; sie reagierte nur auf Fragen und Anweisungen anderer. Dabei antwortete sie immer auf das unmittelbar Vorangegangene; eine »langfristige« Sichtweise gab es nicht.

»Das einzige Problem der Patientin besteht darin, alle Elemente ihrer derzeitigen Tätigkeit zu integrieren und anzuordnen... Sie kann nicht ›verstehen‹, ›erfassen‹, ›bemerken‹ oder ›behalten‹, worum man sie bittet... Außerhalb dieses begrenzten Bereichs gibt es für die Patientin keine Tatsachen, und sie ist völlig verloren...
Heinrich von Kleist äußerte einmal ... wenn man sich über eine Tatsache nicht sicher sei, dürfe man nicht darüber nachdenken oder überlegen; es sei besser, ruhig darüber zu *sprechen*... Die Franzosen sagen, der Appetit komme beim Essen. In Anlehnung daran könnte man auch sagen, das Denken kommt beim Sprechen... Diese Haltung, die für die meisten Menschen gilt, steht im Gegensatz zu unserer Patientin; sie ›spricht‹ ebenfalls, ohne zu wissen, worauf sie hinauswill, aber sie gelangt niemals über die Ebene ... des ›Augenblicks‹ hinaus.«[9]

Wenn wir nach unserer normalen Erfahrung sagen, das Denken komme beim Sprechen, dann meinen wir damit, daß sich das Denken vom Unmittelbaren zum Abstrakteren verschiebt; das Denken baut auf sich selbst auf; Unmittelbares und Abstraktes werden verknüpft – tatsächlich kann das eine ohne das andere nicht existieren. Würden wir nur die unmittelbare Welt unserer Sinneswahrnehmungen kennen, könnten wir sie nie als solche beschreiben, und ebensowenig könnten wir unsere Gedanken als »abstrakt« oder allgemein bezeichnen, wenn das die einzige Art der Einsicht wäre, die wir erleben.

In gewisser Hinsicht können wir nie genau wissen und uns auch kaum vorstellen, was ein Korsakow-Patient oder ein Mensch wie die von Gelb und Goldstein beschriebene Patientin »denkt«. Die subjektive Welt solcher Personen können wir nicht wirklich begreifen. Wir finden es seltsam, wie sie über die Welt reden, und deshalb versuchen wir es nach den Maßstäben *unseres* Weltverständnisses zu beschreiben. Deshalb sagen wir, der Patient habe nur eine »unmittelbare« oder nur eine »abstrakte« Beziehung zu seiner Umwelt. In Wirklichkeit hat der Patient, dem eine davon fehlt, keines von beiden, genau wie man eine Art von Erinnerungen nicht ohne die andere besitzen kann. Vom Standpunkt des Patienten aus sind seine »Erinnerungen« keine Erinnerungen; das Wesen des Erinnerns als solches hat sich grundlegend verändert.

Die Unterscheidung zwischen Lang- und Kurzzeitgedächtnis oder zwischen abstraktem und unmittelbarem Wissen mag für klinische Zwecke sinnvoll sein, aber wenn man sie trifft, tappt man in die gleiche Falle wie die Diagrammzeichner. Man muß versuchen zu verstehen, daß unsere Beziehung zur Welt nicht einmal abstrakt und ein anderes Mal konkret ist, sondern *immer beides*. Sowohl unsere Fähigkeit, uns an weit zurückliegende Dinge zu erinnern, als auch die Methoden, die wir für unser »Kurzzeitgedächtnis« benutzen, haben wir im Laufe der Zeit erworben und weiterentwickelt. Bei manchen Gehirnschäden erliegen die Ärzte der Illusion, man könne bestimmte Gehirnfunktionen abtrennen und bei der Arbeit beobachten. Aber daß diese Funktionen so seltsam erscheinen, wenn sie isoliert tätig sind, ist ein Warnzeichen, daß sie nicht das sind, was sie zu sein scheinen. Mabille und Pitres, und nach ihnen auch viele andere Neurologen, gingen von der Annahme aus, Baud habe einen bestimmten Samstag vor Beginn seiner Krankheit gemeint, als er sagte, er habe seine Geliebte »letzten Samstag« gesehen. Aus Bauds Blickwinkel war das jedoch nicht möglich; er hatte kein Zeitgefühl, und deshalb konnte »letzten Samstag« für ihn nichts Bestimmtes bedeuten. Wir müssen mehr Vorsicht walten lassen, wenn wir herauszufinden versuchen, was ein Patient meint, wenn er auf ärztliche Nachforschungen reagiert. In einem gewissen Sinn kann man die Antworten nicht in der üblichen Weise einordnen. Die Tatsache, daß uns Menschen die Übergänge zwischen Vergangenheit und Gegenwart, zwischen allgemeinem Denken und bestimmten Erfahrungen so leichtfallen, legt den Verdacht nahe, daß wir uns dabei nicht zwischen verschiedenen Welten oder Denkweisen hin- und herbewegen, sondern daß es zwischen diesen Denkweisen und Erinnerungen eine innige Verbindung gibt, welche die Kliniker nicht begreifen. Das Gedächtnis ist in unserem Zeitgefühl verwurzelt, und dieses wiederum ist ein System von Beziehungen, zu dem auch das Gedächtnis gehört. Gedächtnis und Zeit sind untrennbar verbunden, und beide entstehen immer wieder neu, wenn wir uns Ereignisse von gestern, von vor einer Woche oder von vor 40 Jahren vorstellen. Sie sind Teil der grundlegenden Struktur menschlichen Wissens.

Es werden also nicht irgendwo im Gehirn irgendwelche Bilder abgespeichert, wie Wernicke vermutet hatte und wie viele Untersuchungen zur künstlichen Intelligenz auch heute noch annehmen. Im Gehirn gibt es keine Stelle, an der ein festes Bild von Mary, John oder Jane abgelegt ist, und wenn wir an Menschen denken oder uns an sie erinnern, dann geschieht das tatsächlich nie in Form festgelegter Bilder. Man hat behauptet, wenn es schon keine festgelegten Gedächtnisbilder gebe, dann müßten wenigstens die Kategorien des Wissens, die Methoden der Verallgemeinerung fixiert sein, das Gehirn müsse also angeborene Programme enthalten. Wäre diese Annahme richtig, dann würden sich die einzelnen Funktionen oder Programme bei bestimmten Gehirnschäden zeigen – und tatsächlich glauben viele Wissenschaftler und Neurologen, sie würden genau das beobachten. Aber Bauds »letzter Samstag« weist nicht auf eine bestimmte Wissenskategorie hin; wir haben keine genaue Vorstellung davon, was er mit diesen beiden Worten gemeint hat. Sie zeigen vielmehr eine allgemeinere Form der Gehirntätigkeit, aus der Bedeutung entsteht, und diese Aktivität – die Wechselwirkungen von Reizen im Hinblick auf den Bezugsrahmen des Körperbildes – war bei ihm schwer gestört.

Vermutungen über die mögliche physiologische Grundlage dieser Vorgänge im Gehirn äußerte Gerald Edelman im Jahr

1978.[10] Edelman bezweifelte die Vorstellung, es gebe im Gehirn angeborene Programme, die festgelegte Wissenskategorien herstellen. Seine Argumentation: Da die Gene die genauen Verbindungen zwischen den Nervenzellen nicht vorherbestimmen können, ist es unmöglich, ein Gehirn zu programmieren, genau wie man einen Computer nicht programmieren kann, wenn seine Verdrahtung vorher nicht exakt festgelegt ist. Zwei Organismen und damit auch zwei Gehirne können nie vollkommen gleich sein, nicht einmal bei eineiigen Zwillingen. Aber wenn zwei Gehirne nie gleich sind, welche allgemeinen Prinzipien liegen dann ihrer Funktion zugrunde? Nach Edelmans Theorie funktioniert das Gehirn als System, das auf Selektion beruht. Nach einer Vermutung, die er 1978 äußerte, haben die Nervenzellen das Bestreben, eng verflochtene Gruppen zu bilden, die er als neuronale Gruppen bezeichnete. Da diese Neuronengruppen jeweils ein eigenes Muster innerer Verbindungen besitzen (die Verbindungen von Nervenzellen lassen sich im einzelnen nicht genetisch vorherbestimmen), reagieren sie unterschiedlich auf Reize, selbst wenn diese Reize gleich sind, und sie können auf viele verschiedene Reize antworten. Nach wiederholter Anregung durch ähnliche Reize wird die Reaktion verstärkt: Manche Gruppen reagieren auf bestimmte Reize bei späteren Gelegenheiten besser, und andere, die anfangs schwach reagierten, antworten später überhaupt nicht mehr. Umweltreize sorgen also für die Selektion neuronaler Gruppen.

Die neuronalen Gruppen sind in den Schichten des Gehirngewebes angeordnet, welche die Hirnforscher als Karten bezeichnen, und die Gruppen innerhalb einer solchen Karte reagieren im allgemeinen auf ähnliche Reize. So reagieren die neuronalen Gruppen in einer Schicht vielleicht auf die Farbe eines visuellen Reizes, in einer anderen dagegen auf seine Bewegungsrichtung. Die verschiedenen Karten sind durch ein Nervengeflecht verbunden, und wenn ein bestimmter Reiz vorhanden ist, werden die Reaktionen der einzelnen Karten durch wechselseitigen Signalaustausch koordiniert; diesen Austausch bezeichnet Edelman als »Reentry« (»Erregungsrückkehr«). Tritt eine einheitliche Reaktion ein, so stellt diese eine Kategorisierung des Reizes dar. Was sie aber zur Kategorisierung macht (und das verkennt Edelman), ist ihre Beziehung zu anderen einheitlichen Reaktionen, denn Kategorien sind Beziehungen (s. Seite 116). Wichtig ist also nicht die einzelne einheitliche Reaktion, sondern die Beziehungen zwischen verschiedenen einheitlichen Reaktionen.

Auf welche Weise die Erregungsrückkehr eine einheitliche Reaktion und damit die Kategorisierung des Reizes bewirkt, versteht man am besten anhand einer Analogie. Man stelle sich eine Musikergruppe vor, beispielsweise ein Streichquartett. Beim Spielen seines jeweiligen Instruments sendet und empfängt jeder Musiker von seinen Mitspielern »Signale« über Klang, Lautstärke, Rhythmus, Betonung und Tonqualität der Musik. Jeder Spieler führt einen eigenen Dialog mit den Mitspielern. Es gibt keinen Dirigenten, keine zentrale Steuerung. Und doch entsteht aus diesen Wechselwirkungen ein geschlossenes Ganzes. In ähnlicher Weise erzeugt auch im Gehirn das lokale Wechselspiel zwischen den Karten, ihr Hin- und Her»sprechen« durch Signalaustausch, eine einheitliche Reaktion auf einen Reiz, und das bezeichnet Edelman als Kategorisierung des Reizes. Die Reaktion auf den Reiz ist nicht vorherbestimmt; ihre Einheitlichkeit erhält sie durch lokale Wechselwirkungen zwischen den Gehirnteilen, genau wie die wechselseitigen Reaktionen der Quartettspieler den Gesamtklang bestimmen.

Einheitliche Reaktionsmuster entstehen oft sogar ohne vorherbestimmtes Ziel. William Clancey, ein Fachmann für künstliche Intelligenz, bezeichnete einen Verkehrsstau als

> »ein gutes Beispiel ... weil er ganz eindeutig nicht absichtlich organisiert wurde. Wenn Straßen zusammentreffen oder enger werden, kann ein Engpaß entstehen. Die einzelnen Autos folgen keinem

Plan, ›wie man zu einem Rückstau beiträgt‹ oder sogar ›wie man zu dem heutigen Rückstau beiträgt‹. Das Strukturprinzip, das ein Beobachter in den Autoschlangen erkennt, ist nicht vorbestimmt, aber eine solche Struktur ergibt sich durch die Wechselwirkungen zwischen vielen Einzelelementen. Es gibt niemanden, der entscheidet, welches Auto sich als nächstes bewegt. Der Beobachter wird über einen längeren Zeitraum hinweg eine Gesetzmäßigkeit in dem so entstehenden Verhalten entdecken (z. B. daß sich der Stau unmittelbar hinter einer Unfallstelle auflöst, auch wenn diese schon seit Stunden geräumt ist). Aber es gibt kein ›Muster‹, nichts, dem die Beteiligten ›folgen‹ (d. h. das sie interpretieren).«[11]

Neuere neurophysiologische Befunde scheinen zu bestätigen, daß es neuronale Gruppen und die Verbindungen zur Erregungsrückkehr gibt. Wie Wissenschaftler in zwei deutschen Labors unabhängig voneinander feststellten, schwingen Gruppen von Nervenzellen bei der Katze als Reaktion auf einen visuellen Reiz im gleichen Rhythmus. Die verschiedenen Schwingungsmuster entstehen durch die unterschiedlichen inneren Verbindungen in den einzelnen Gruppen. Ist aber ein Reiz vorhanden, schwingen sogar Gruppen in verschiedenen Gehirnteilen gemeinsam mit der gleichen Frequenz. Für dieses gemeinsame Schwingungsmuster sorgen die Verbindungen zwischen den Gruppen, die der Erregungsrückkehr dienen.[12]

Solche einheitlichen Reaktionen sind keine bewußten Vorgänge, denn Bewußtsein entsteht durch die weitere dynamische Wechselbeziehung zwischen Vergangenheit, Gegenwart und Körperbild. Dieser grundlegende Zusammenhang ist der Faktor, den physiologische und andere wissenschaftliche Theorien bisher übersehen haben. Erkennen und Verstehen sind dynamisch, sie gehen hervor aus einem fortlaufenden Fluß von Bildern, der auf dynamischen Beziehungen beruht. Der Gegenstand oder der Mensch, den ich wahrnehme und in einem bestimmten Augenblick erkenne, steht in einer dynamischen Beziehung zu dem gleichen Gegenstand oder Menschen im Augenblick zuvor. Ein Mordindiz hat plötzlich einen Sinn; seine Beziehung zur Vergangenheit gewinnt eine neue Bedeutung. Diese Veränderung der Bedeutung ergibt sich nicht aus der unmittelbaren Wahrnehmung des Indizes, sondern aus seinem Zusammenhang mit dem, was zuvor geschah.

In der gleichen Weise ist das Bewußtsein auch ganz allgemein dynamisch. Deshalb behauptete Head, das Erkennen der Körperhaltung sei »bereits beladen mit ihrer Beziehung zu etwas, das vorher war«. Denn in dem Augenblick, da das Gehirn einheitliche Reaktionen erzeugt, kommen neue Reize an, die diese Reaktionen verändern; solche dynamischen Wandlungen setzen sich fort, solange wir Bewußtsein haben. Der Vorgang der Veränderung ist das, was ins Bewußtsein gelangt, was Bewußtsein *ist*; Wahrnehmung ist Veränderung, nicht das unmittelbare Aufnehmen von Reizen. Bewußte Bilder sind dynamische Beziehungen zwischen ständig fließenden und sich entwickelnden einheitlichen Reaktionen; sie sind plötzlich anders und leiten sich doch von vorangegangenen Reaktionen ab, die zur Vergangenheit einer Person gehören.

Das Bewußtsein entsteht durch den subjektiven Charakter der Reaktionen. Und Subjektivität stammt nach neurologischen Befunden aus der Beziehung zwischen dem dynamischen Körperbild (das selbst eine Reihe einheitlicher Reaktionen ist) und dem dynamischen Fortschreiten einheitlicher Reaktionen auf neue Reize: Diese Selbstbezugsmechanismen sind die Grundlage des bewußten Fühlens und des individuellen Wissens. Sind bestimmte Teile des Selbstbezuges durch einen Gehirnschaden zerstört, dann verändert sich die Struktur des Bewußtseins und damit auch das Wissen. Bauds Verletzung hatte zur Folge, daß er das Gefühl für sein Körperbild nur ungefähr zwanzig Sekunden lang festhalten konnte, und diese Zeitspanne war zu kurz, als daß er ein Zeitgefühl hätte herstellen können. Deshalb waren sein Ichbewußtsein und seine Selbstwahrnehmung tiefgreifend verändert. Sein »letzter Samstag« war im besten Fall abstrakt; für ihn schwebte der »letzte Samstag« in einer zeitlosen Welt ohne Bezug zu einem bestimmten Tag in Vergangenheit oder Gegenwart.

Beschädigt ist in solchen Fällen anscheinend entweder der Hippokampus oder die mit ihm verbundenen Strukturen in einem Gehirnbereich, den man als limbisches System bezeichnet; es wurde von Paul Broca 1878 zum erstenmal beschrieben und benannt. Das limbische System ist eine Art Schaltstelle, die mit großen Teilen des Gehirns in anatomischer Verbindung steht. Es ist eine Gruppe verknüpfter Strukturen, die anscheinend tief im Gehirn einen Saum bilden (das lateinische Wort *limbe* bedeutet »Saum«).

Im Jahr 1937 äußerte James Papez von der Cornell University die Vermutung, daß das limbische System und der Hypothalamus, ein kleines Gebilde an der Unterseite des Gehirns, eine wichtige Rolle für das Gefühlsleben und für die Aufrechterhaltung von Körpertemperatur, Herzschlag, Atmung und anderer Körpervorgänge spielen. Viele Vorgänge, die bei »emotionalen« Zuständen auftreten, wie beschleunigter Herzrhythmus, Schwitzen oder schnelles Atmen, werden vom Hypothalamus gesteuert. Nach Papez' Vorstellung kommunizieren die höheren Zentren des Gehirns mit dem Hypothalamus über die komplizierten Regelkreise des limbischen Systems, das offenbar das »Gefühlszentrum« darstellt.[13]

Ungefähr zur gleichen Zeit machten Heinrich Klüver und Paul Bucy an der Universität Chicago ein Experiment, bei dem sie verschiedene Teile des limbischen Systems von Affen zerstörten.[14] Die so behandelten Tiere wurden zahm und steckten jeden Gegenstand, den die mit den Händen ergreifen konnten, in den Mund; außerdem waren sie überempfindlich für alle Reize, sexuell überaktiv und ohne jedes Anzeichen von Furcht oder Ärger. Bei Menschen führen Schäden am limbischen System zu tiefgreifenden Veränderungen der gefühlsmäßigen Reaktionen und des Gedächtnisses. Man konnte sogar feststellen, daß immer dann, wenn sich jemand erinnert, die Aktivität des limbischen Systems zunimmt.[15] Möglicherweise ist das limbische System unentbehrlich zur Herstellung der Beziehung zwischen Körperbild und äußeren Reizen, welche die Grundlage des Bewußtseins darstellt.

Ein bewußtes Bild, ob es nun durch Erkennen oder durch Erinnerung entsteht, ist demnach das Ergebnis komplizierter neurophysiologischer Wechselwirkungen; es vereinigt in sich vergangene und gegenwärtige Erlebnisse einer Person, und sein eigentliches Wesen ist die subjektive, selbstbezogene Qualität. Die auftauchenden und sich ständig entwickelnden Verallgemeinerungen sind ein charakteristisches Kennzeichen der menschlichen Psychologie. Was wir Erfahrung oder Geschichte nennen, ist die endlos fortschreitende Strukturierung von Ereignissen. Wir schreiben die Geschichte um und revidieren die Wahrnehmung unserer Erlebnisse, indem wir unsere Gedanken über Menschen und Ereignisse in unserer Vergangenheit neu strukturieren. Zu einem bestimmten Zeitpunkt sind Arthur und Jane in unseren Gedanken vielleicht »das wunderbarste Paar«, das wir je kannten; später denken wir vielleicht, daß wir noch nie »so schreckliche Leute getroffen haben«. Die Historiker schreiben die Geschichte ständig um, indem sie die Aufzeichnungen aus der Vergangenheit neu interpretieren (d.h. neu organisieren). Und wenn die einheitlichen Reaktionen (Kategorisierungen) des Gehirns Teil der Erinnerung werden, dann werden sie ebenfalls als Teil der Bewußtseinsstruktur neu organisiert. Zu Erinnerungen werden sie, weil sie einen Teil dieser Struktur und damit auch einen Teil des Ichgefühls ausmachen; mein Ichgefühl stammt aus der Gewißheit, daß meine Erlebnisse sich auf *mich* beziehen, auf die Person, die sie hatte. Deshalb ist das Gefühl für die Vergangenheit, für Geschichte und Erinnerung ein Teil der Erschaffung des Ich.

Diese höheren Formen des Bewußtseins erfordern mit Sicherheit die Sprache, aber der Besitz einer Sprache ist noch keine Garantie, daß bewußte Wahrnehmung nicht durch neurologische Erkrankungen zersetzt wird. Die verbalen Berichte von Patienten geben oft Hinweise auf veränderte Bewußtseinszustände, die der Betroffene nicht wahrnimmt. Mit anderen Worten: Die neurologische Veränderung linguistischer Funktionen weist auf ein verändertes Bewußtsein hin. Um so befremdlicher ist es, daß Neurologen und andere Wissenschaftler die linguistische Funktion so lange unabhängig von der Struktur des Bewußtseins untersucht haben. Sprache entsteht schließlich durch neurophysiologische Vorgänge des gleichen Typs wie die nichtsprachlichen Formen des Bewußtseins. Mit der Entwicklung von Gehirnbereichen, die ein »Bewußtsein für das Bewußtsein« herstellen konnten, entstand, wie wir noch sehen werden, auch die Sprache auf eine Weise, die erstaunliche Parallelen aufweist zu der Fähigkeit des Gehirns, ein dynamisches Selbstbezugssystem zu schaffen. Beziehungen, die von einem Augenblick zum nächsten zwischen Gruppen von Reizen hergestellt werden, bilden das Bewußtsein; Sprache besteht ebenfalls aus Beziehungen, deren abstraktes Wesen die höchstentwickelte Form des Bewußtseins ist.

IV

GRUNDLEGENDES ÜBER DIE SPRACHE

Gegen Ende des neunzehnten Jahrhunderts faßte der französische Neurologe Jean-Martin Charcot (1825–1893) die Tendenzen eines Großteils der herkömmlichen neurologischen Denkweise in einer bezaubernden Beschreibung der Sprach- und Schreibmechanismen zusammen. Sein Bericht ähnelt unverkennbar vielen heutigen Erörterungen über die Gehirnfunktion, und es lohnt sich, sein Diagramm (links) und die zugehörige Erklärung (Seite 106f.) in vollem Umfang wiederzugeben.[1] Nach Charcots Ansicht ist ein Wort

> »ein komplexes Gebilde, das aus mindestens vier Grundelementen besteht: dem akustischen Erinnerungsbild, dem visuellen Erinnerungsbild und zwei motorischen Erinnerungsbildern, einem für das Sprechen (Artikulation) und einem für das Schreiben ... Wenn also eine Vorstellung auftaucht, kann man entweder das akustische oder das visuelle Bild des Wortes abrufen, das diese Vorstellung bezeichnet ... Wenn jemand geschriebene Worte nicht versteht, bezeichnet man das als verbale Blindheit oder visuelle verbale Amnesie, und wenn man den Klang gesprochener Worte nicht begreift, nennt man die Krankheit verbale Taubheit oder akustische verbale Amnesie. In ähnlicher Weise und nach den gleichen Prinzipien kann man sagen, jemand leide an motorischer verbaler Amnesie, wenn die motorischen Wortbilder verlorengegangen sind ... Und man sollte nicht vergessen, daß es eine Vielfalt von Mechanismen zum Erinnern von Worten gibt; der verbreitetste bedient sich des akustischen Erinnerungsbildes, um die Vorstellung in das zugehörige Zeichen zu übersetzen; andere benutzen das visuelle Erinnerungsbild, und wieder andere setzen die motorischen Erinnerungsbilder ein. Und es gibt auch solche, die sich gemischter Formen der Erinnerungsbilder bedienen.«[2]

PROFESSOR CHARCOTS DIAGRAMM DER GESPROCHENEN UND GESCHRIEBENEN SPRACHE

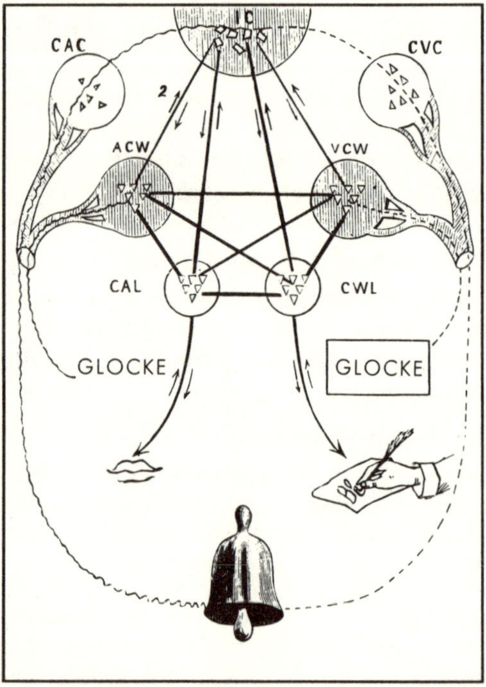

IC: Ideenzentrum (Ideational Center)
CAC: gemeinsames Hörzentrum (Common Auditive Center)
ACW: Hörzentrum für Worte (Auditive Center of Words)
CAL: Zentrum für artikulierte Sprache (Center of Articulate Language)
CVC: allgemeines Sehzentrum (Common Visual Center)
VCW: Sehzentrum für Worte (Visual Center of Words)
CWL: Zentrum für geschriebene Sprache (Center of Written Language)

Angenommen, in der Nähe eines Kindes klingelt eine Glocke. Das Geräusch erzeugt einen Eindruck am peripheren Ende des Hörnervs und wird von diesem auf eine hörempfindliche Zelle der Hirnrinde weitergeleitet. Diese Zelle liegt in dem Bereich des *allgemeinen Hörzentrums* (CAC); der Reiz wird dort registriert und verursacht eine geringfügige, dauerhafte Veränderung.

In Gegenwart des Kindes wird das Wort »Glocke« ausgesprochen; dieser Höreindruck wird vom Hörnerv ebenfalls aufgenommen und zum *Hörzentrum für Worte* (ACW) weitergeleitet; dieses Zentrum ist speziell auf die vernunftmäßige Wahrnehmung artikulierter Sprache angelegt.

Die so erzeugten Eindrücke werden in das *Ideenzentrum* (IC) des Kindes aufgenommen, so daß es das Wort »Glocke« mit der Erinnerung des zuvor gehörten Geräuschs assoziiert.

Um die Glocke anderen gegenüber mit dem so gelernten und erinnerten Wort zu bezeichnen und dieses »Klangbild« nach außen auszudrücken, muß das Kind das Wort aussprechen können, und dazu ist die Einbeziehung eines weiteren Zentrums erforderlich. Nachdem das Hörzentrum für Worte dem Kind ein inneres Bild des erforderlichen Klanges geliefert hat, wird es nun in das *Zentrum für artikulierte Sprache* (CAL) übertragen; dieses Zentrum ermöglicht die Bewegungssteuerung und Koordination der Organe, die für die Artikulation der Worte sorgen, und nun spricht das Kind das Wort »Glocke« aus.

Ähnliche Vorgänge finden vermutlich im Zusammenhang mit den visuellen und graphischen Gesichtspunkten der Sprache statt. Vor den Augen des Kindes wird eine Glocke plaziert, und auf der Netzhaut entsteht ein Eindruck, der vom Sehnerv in das *allgemeine Sehzentrum* (CVC) übertragen wird und dort eine Veränderung bewirkt. Nun wird dem Kind das geschriebene Wort »Glocke« sichtbar gemacht, und dieses geschriebene Zeichen gelangt über den Sehnerv in das *Sehzentrum für Worte* (VCW); das so entstandene Bild wird im *Ideenzentrum* (IC) aufgenommen, genau wie im Fall des akustischen Bildes von der Glocke.

Damit das Kind das Wort »Glocke« schreiben kann, dessen inneres Bild von dem *Sehzentrum für Worte* (VCW) geliefert wird, wird ein weiteres Zentrum tätig, das *Zentrum für geschriebene Sprache* (CWL), und nun kann das Kind das Wort »Glocke« schreiben.

Nach Charcots Ansicht beschränkte sich das visuelle und akustische Gedächtnis nicht auf Worte. Er wußte, daß man *alle* visuellen Erinnerungen verlieren kann; das war bei Monsieur A. geschehen, einem Patienten, der vor seiner Krankheit über eine ungewöhnlich starke Fähigkeit zu visuellen Erinnerungen verfügte.[3] Er konnte sich an Menschen so genau erinnern, daß es ihm schien, als stünden sie wirklich vor ihm. Ebenso konnte er sich an handgeschriebene Briefe in allen Einzelheiten erinnern – an die Seite, auf der ein bestimmtes Wort stand, und an die Stellen, wo Worte durchgestrichen waren. Wenn er ein Buch zwei- oder dreimal gelesen hatte, konnte er sich jede einzelne Seite vorstellen und es aus dem Gedächtnis »vorlesen«. Und er konnte alle Einzelheiten einer Theateraufführung wiedergeben, die er gesehen hatte, bis hin zu den Körperbewegungen der Schauspieler.

»Monsieur A. war viel gereist«, bemerkte Charcot. »Er zeichnete gerne Orte und Ansichten, die ihn besonders beeindruckt hatten. Er zeichnete sehr gut. Er konnte sich an ganze Landschaften in allen Einzelheiten erinnern.«

Seine Erinnerungen bezogen sich nie auf isolierte Details, sondern auf ganze Szenen, und solche Ansichten dürften für ihn eine abstrakte, symbolische Qualität besessen haben. Das Außergewöhnliche bei Monsieur A. war genau diese komplexe, symbolische Qualität der Erinnerungsbilder. Wenn er sich an ein Gespräch, einen Satz oder ein Wort erinnern wollte, rief er sich zuerst den Ort, an dem die Unterhaltung stattgefunden hatte, sowie das Aussehen des Sprechers und seine Körperbewegungen ins Gedächtnis; in ähnlicher Weise mußte er sich zunächst eine ganze Buchseite (und die Seitenzahl) vorstellen, um sich an eine bestimmte Passage daraus zu erinnern. Solche komplexen Beziehungen konnte er visuell herstellen, aber nicht akustisch; Musik bedeutete ihm beispielsweise nichts. Man könnte sagen, seine visuellen Bilder hatten die komplexe Struktur von Worten.

Und die Komplexität dieser Struktur machte sein Gedächtnis aus.

Eines Tages änderten sich die Dinge. Monsieur A. wurde orientierungslos, verlor sein Gedächtnis für Formen und Farben und war nun auf »andere Formen der Erinnerung« angewiesen. Alles erschien ihm ungewohnt. Er ging durch die Straßen seiner Heimatstadt und staunte über Gebäude und Denkmäler, die ihm zuvor vertraut gewesen waren. Während er früher aus dem Gedächtnis genaue Zeichnungen anfertigen konnte, gelangen ihm jetzt nur noch grobe und oft sogar unkenntliche Darstellungen. Er sagte, er *kenne* den Aufbau eines Gebäudes oder Denkmals, das er zu zeichnen versuchte (eine »Arkade«, ein »Halbkreis«), aber er könne es nicht »in Wirklichkeit« vor sich sehen. Er hatte sogar Schwierigkeiten, einen Baum zu zeichnen, und stellte ihn durch formloses Gekritzel dar. Als man ihn bat, ein Bild von einem Baum zu entwerfen, sagte er: »Ich weiß nicht, wie man das macht.«

Auch seine Frau und seine Kinder konnte er sich nicht vorstellen. Zunächst erkannte er sie nicht, genau wie es ihm auch mit den Straßen seiner Heimatstadt ergangen war, und dann sagte er, sie schienen sich verändert zu haben. Er erkannte sich nicht einmal selbst im Spiegel: Als er einmal durch eine öffentliche Passage ging, stellte er plötzlich fest, daß ihm der Durchgang versperrt wurde; er wich aus und entschuldigte sich. In Wirklichkeit hatte er sein eigenes Spiegelbild gesehen.

Heute kann man erkennen – auch wenn Charcot nicht diesen Schluß zog –, daß Monsieur A. seinen visuellen Selbstbezug zu einem großen Teil verloren hatte; er konnte zwar noch sehen, aber was er sah, war fast bedeutungslos geworden, fremd und nicht erkennbar. Das Wesen seines entscheidenden Selbst, seine Subjektivität, seine Beziehung zu seiner Umwelt hatte sich verändert. Wichtig ist dabei die Feststellung, daß dann, wenn visuelle Erlebnisse derart eingeschränkt werden, die visuellen Erinnerungen offenbar zwangsläufig verschwinden; visuelles Erkennen und Erinnern werden praktisch unmöglich. Monsieur A. hatte keine Vorstellung davon, in welcher Beziehung das, was er sah, zu ihm selbst oder zu seiner Vergangenheit stand – seien es nun die Straßen der Stadt, sein eigenes Spiegelbild oder seine Frau. Einen solchen Verlust visueller Erinnerungen beobachtet man oft bei Personen, die sehen konnten und später erblindeten. Wenn das Gehirn, wie bei einem Blinden, nicht in der Lage ist, visuelle Reize im Hinblick auf den individuellen Selbstbezug zu organisieren, dann kann es auch visuelle »Erinnerungen« nicht strukturieren; damit ist ein entscheidendes Element bei der Herstellung der Erinnerungen zerstört. Im Unbewußten von Monsieur A. gab es keine festen, gespeicherten Bilder, zu denen er den Zugang verloren hätte, sondern der ganze Vorgang des Aufbaus und Wiederaufbaus von Erinnerungen war zusammengebrochen. Es gab sogar noch einen weiteren aufschlußreichen Hinweis auf das Versagen der Selbstbezugsmechanismen: Monsieur A. hatte in einem gewissen Maße auch das Gefühl für Freude und Schmerz verloren, und das gleiche war, wie wir gesehen haben, auch in den zuvor beschriebenen Fällen geschehen. »Eine der bemerkenswertesten Folgen des Verlusts dieser geistigen Fähigkeit«, schrieb Monsieur A., »ist die Veränderung meines Charakters und meiner Beeindruckbarkeit. Ich bin weniger empfänglich für Sorgen oder seelischen Schmerz.«

Aber Monsieur A. konnte noch sprechen, und gesprochene Worte haben zwangsläufig einen Selbstbezug; er ist Teil ihrer Struktur. Deshalb konnte er in Worten träumen, aber nicht in Bildern. Und seine Erinnerungen beinhalteten das, was er *gehört* hatte; visuelle Bilder kamen ihm nicht in den Sinn:

»Wenn Sie mich auffordern, mir die Turmspitzen von Notre Dame, ein weidendes Schaf oder ein Schiff in Seenot vorzustellen, dann

> muß ich Ihnen sagen, daß ich zwar genau weiß, wie man diese sehr verschiedenen Dinge unterscheidet, und ich weiß auch, worum es sich handelt, aber visuell haben sie für mich keine Bedeutung... Heute kann ich mich an Dinge nur erinnern, wenn ich sie zu mir selbst sagen kann; früher dagegen brauchte ich sie nur mit meinem Blick zu fotografieren.«

Er hatte also sein Gedächtnis nicht verloren; Erinnerungen, die früher visuell waren, nahmen vielmehr »andere Formen« an, und zwar in »gewaltigem« Gegensatz zu der Welt, wie er sie bis dahin gekannt hatte: »Meine Frau hat schwarze Haare. Ich kann mir diese Farbe genausowenig vorstellen wie ihr Aussehen.«

Monsieur A. konnte demnach weiterhin Worte benutzen, aber er konnte sich für sich selbst nicht vorstellen, was sie visuell bedeuteten. Diese Möglichkeit besteht bei Worten natürlich immer: Wir können vielleicht über das zehndimensionale Universum eines Physikers reden, ohne daß wir es uns bildlich vorstellen können. Wir müssen keinen Tisch sehen – weder in Wirklichkeit noch vor unserem geistigen Auge –, um das Wort »Tisch« zu verstehen, und wenn wir es lesen, können die meisten von uns es verstehen, ohne es in ein Bild umzusetzen. Worte überschreiten die Wahrnehmungsbereiche, auf die sie sich beziehen. Und doch sind sie das Ergebnis genau der gleichen Gehirnvorgänge, die uns auch Seh-, Tast-, Hör- und Riechreize ursprünglich bewußtmachen; sie sind ein weiterentwickeltes Produkt dieser Vorgänge. Das Verstehen einer Sprache, das natürlich ein verbales Gedächtnis erfordert, ist ein beträchtlich komplexerer Vorgang, als Charcot und andere Neurologen annahmen, und Charcots Behauptung, es gebe bestimmte akustische, visuelle und mit dem Tastsinn verbundene »Erinnerungsbilder« einzelner Worte, verkennt das eigentliche Wesen der Sprache. Das zeigt sich an Charcots eigenen Untersuchungen über die Krankheit von Monsieur A.: Für den Patienten war Sprache – das Denken mit Worten – abstrakter als jede einzelne dieser spezifischen Kategorien. Er kannte Notre Dame, ein weidendes Schaf oder ein Schiff in Seenot *verbal*, als Vorstellungen, welche die Wahrnehmung von Sehen, Hören, Riechen oder Tasten überstiegen.

In einem gewissen Sinn hatte Monsieur A. noch Glück, daß er seine sprachlichen Fähigkeiten behielt. Die Worte schufen nämlich für ihn eine Kontinuität, die mit visuellen Bildern allein nicht möglich gewesen wäre. Henry Head schrieb im Jahr 1926:

> »Worte und andere Symbole verknüpfen die nichtverbalen Denkvorgänge und geben ihnen Dauerhaftigkeit, denn sonst wären sie flüchtig. Besonders deutlich wird das im Fall der visuellen Bilder. Besitzt ein Aphasiekranker diese Art des Gedächtnisses in besonders starker Form, so können Bilder noch spontan auftauchen und eine beträchtliche Rolle in seinen geistigen Vorgängen spielen. Aber er kann sie nicht willentlich oder auf Kommando hervorrufen, und ohne die Hilfe verbaler Symbole kann er sie auch nicht zu einer einheitlichen logischen Folge verbinden. Sie sind episodenhaft, flüchtig und vorübergehend; sie kommen und gehen, ohne dem Denken etwas Dauerhaftes oder Sicheres hinzuzufügen. Ohne Namen können wir ihre Beziehungen in Raum und Zeit nicht feststellen, und das gleiche gilt für ihre Ähnlichkeit oder Verschiedenartigkeit.«[4]

Wenn man einen Patienten von Head

> »bat, zu beschreiben, wie er vom Krankenhaus zum Heeresministerium gehen würde, erklärte er, er sehe die großen Kaufhäuser, Westminster Abbey und andere Gebäude, an denen er auf seinem Weg vorbeikomme. Jedes davon erschien als isoliertes Ereignis; mangels einer Benennung war er nicht in der Lage, sie zu verbinden und leicht von einem zum nächsten zu gehen. Er erklärte, es sei ›alles in Stücken‹, und er müsse ›von einer Sache zur nächsten springen‹, weil er ›keine Namen habe‹. Normalerweise wird nämlich jedes Bild, sobald es auftaucht, durch seinen Namen oder eine andere geeignete Formel festgehalten, und die endgültige Schlußfolgerung wird als begriffliche Aussage wiedergegeben. Bilder lassen sich nicht so leicht manipulieren wie Worte; sie tauchen auf und verschwinden, ohne daß sie in streng logischer Folge verbunden wären. Ohne sie durch verbale Symbole zu ersetzen, kann man weder ihre Ähnlichkeit oder Verschiedenartigkeit ausdrücken noch ihre charakteristischen Bezie-

hungen in Raum und Zeit. Solche visuellen Bilder können noch so lebhaft und detailliert sein, sie sind dennoch schwer faßbar und flüchtig; der Patient klagt: ›Sie scheinen schwach zu werden, und ich kann sie nicht bekommen, wann ich will.‹ Wenn sie einmal aufgetaucht sind, kehren sie aufdringlich und ohne erkennbare Verbindung mit dem Gedankengang immer wieder, oder sie verschwinden, bevor die Aufgabe vollendet ist. Nicht selten verdrängt ein Bild seinen Vorgänger, anstatt ihn zu ergänzen.«[5]

Die Sprache verbindet und abstrahiert Bilder, und sie stellt Beziehungen her; sie entfernt uns vom Augenblick und schafft Vergangenheit, Gegenwart und Zukunft. Sie bereichert unsere Wahrnehmung der unzähligen Wege, auf denen unsere Erfahrungen mit der Welt organisiert sein können; und sie kann auch selbst eine Welt schaffen.

Aber was waren das für »Namen« und »Worte«, die bei Heads Patienten verlorengegangen waren? Und wie stellen sie im einzelnen Verbindungen und ein Zeitgefühl her? John Hull stellte fest, eine Person zu kennen bedeute für einen Blinden, ihren Namen zu kennen: »Sehende Menschen kennen einander, weil sie das Aussehen des anderen erkennen... Der Name ist eine Zusatzinformation, aber der zentrale Kern, um den sich alles andere gruppiert, ist das Aussehen. Für mich dagegen ist es eine Frage des Namens, ob ich jemanden kenne. Mit Straßen ist es das gleiche.«[6] Wenn aufgrund eines neurologischen Leidens oder einer Verletzung die Fähigkeit zum Benennen verlorengeht, dann kann sich dieser Verlust auf ganz bestimmte Dinge beziehen. Goldstein und Gelb berichteten zum Beispiel 1925 über einen Patienten, der die Farbe von Gegenständen nicht benennen konnte. Er reagierte nicht auf die Worte »rot«, »grün« oder »blau«, und wenn man ihn aufforderte, den roten Gegenstand herauszusuchen, wählte er einen beliebigen. Als man ihn bat, Wollfäden nach der Farbe zu sortieren, stellte er meist jeweils zwei zusammen und beließ sie ansonsten in der ursprünglichen Reihenfolge. Bei verschiedenen

Gelegenheiten stellte er unterschiedliche Anordnungen her. »Man könnte meinen, daß er aus irgendeinem Grund die Regeln änderte, nach denen er die Farben anordnete ... In Wirklichkeit wandte er aber überhaupt kein Ordnungsprinzip an, denn er konnte nicht entscheiden, anhand welcher Eigenschaften er sortieren sollte. Sein Verhalten war von der augenblicklichen Bequemlichkeit bestimmt.«[7]

Dennoch hatte der Patient keine Schwierigkeiten, Gegenstände gleicher Farbe aus einer Vielzahl andersfarbiger Objekte herauszusuchen und zusammenzustellen. Pedantisch wies er alles zurück, was nicht genau paßte, aber wenn er zwei gleich gefärbte Gegenstände gefunden hatte, konnte er den Namen der Farbe nicht nennen; dagegen war er in der Lage, über Farben zu sprechen, wenn man konkrete Beispiele erwähnte, zum Beispiel »kirschrot«, »grasfarben« oder »wie eine Orange«. »Wenn man nur eine *unmittelbare und praktische Beziehung* zur Welt der Farben hat«, bemerkte Goldstein, »und wenn *abstrakte Beziehungen* abhanden gekommen sind, verlieren Worte wie rot, blau, grün usw. ihre ›stellvertretende‹ Bedeutung ... [Sie sind dann nicht mehr] Symbole für den Begriff von Farben.«

Diese »konkrete« Benutzung der Sprache, die nur unmittelbar an die Tatsachen geknüpft ist, gehörte ganz allgemein zum Verhalten des Patienten: »Sprache hat nur dann eine ›stellvertretende‹ Funktion, wenn sie Teil eines allgemeineren, kategorischen Verhaltensmusters ist ...«[8] Er sortierte die Farben ohne allgemeines Gefühl für Kategorien, ausschließlich in Übereinstimmung mit den Erfordernissen des Augenblicks; das tat er in kleinlicher, pedantischer Weise, die ihn völlig in Anspruch nahm. Natürlich kann sich auch ein völlig Gesunder so in eine Tätigkeit vertiefen, daß seine übertriebene Genauigkeit sich kaum von der des Patienten zu unterscheiden scheint. Wir alle haben Augenblicke solcher konzentrierter Beschäftigung erlebt. »Je mehr wir in unmittelbarer Form handeln, ... je geringer die ›Distanz‹

zwischen uns und den Dingen ist, desto anstrengender und genauer, desto ... ›automatischer‹ und unbewußter sind unsere Handlungen.«

Die Ähnlichkeit zwischen normal und anormal ist aber hier nur vordergründig, denn rückblickend können wir unsere Tätigkeit zu einem größeren Ganzen in Beziehung setzen; die Handlungen dieses Patienten blieben dagegen isoliert und unzusammenhängend. Auch wenn wir tief in eine bestimmte Tätigkeit versunken sind, überlegen wir doch, was wir tun, sobald uns eine plötzliche Veränderung der Umstände dazu zwingt; der Patient kümmerte sich jedoch wenig um neue »Tatsachen«, und wenn sie doch seine Aufmerksamkeit auf sich zogen, wurde er verärgert und orientierungslos. Im normalen Leben können neue Tatsachen uns »durcheinanderbringen«, und wir können »verwirrt« sein, aber wir sind nicht orientierungslos: »Unsere Beziehung zum Augenblick ist unterbrochen. Diese ›Verwirrung‹, diese ›Wahrnehmung‹ oder diese ›Distanz‹ ist nicht nur ein charakteristisches Merkmal des Menschen, sondern sie unterscheidet uns auch vom Kranken. In den letztgenannten Fällen führt plötzliches ›Gewahrwerden‹ nicht zu ›Wissen‹, sondern zu einem Gefühl völliger Verwirrung und Angst sowie zur Reaktionsunfähigkeit.«[9]

Der Vorgang des Benennens ist demnach wie der Prozeß, der zum Wissen führt; er setzt voraus, daß man das benannte Objekt versteht. Namen schaffen Beziehungen zwischen uns und anderen Menschen (Freunden, Verwandten, Mitbürgern) oder zwischen uns und Ereignissen oder Gegenständen. Goldstein betont den kategorischen Charakter von Namen, und er weist darauf hin, daß diese Funktion bei bestimmten Gehirnschäden verlorengehen kann:

»Wie die Untersuchung von Patienten mit Wortfindungsschwierigkeiten gezeigt hat, gibt es einen entscheidenden Unterschied in der Haltung des einzelnen – entsprechend der Unterscheidung, die wir treffen. Wenn der Patient einen Gegenstand wirklich ›benennt‹, dann kennt er aus seiner Erfahrung ein Wort, das dieses Objekt ›bedeutet‹; er betrachtet das Objekt also als Vertreter einer Kategorie. Oder aber er erlebt das Wort als Klanggebilde, das zu einem Gegenstand gehört. Er spricht das Wort oft so aus, wie wir Ausdrücke aus einer anderen Sprache artikulieren, deren Klang wir kennen, ohne daß sie aber für uns eine festgelegte Bedeutung haben. Besonders deutlich wird dieser Unterschied bei Patienten, deren Sprachfähigkeit nicht sonderlich verarmt ist, so daß sie über einen recht umfangreichen Wortschatz und gute sprachliche Ausdrucksmöglichkeiten verfügen. Ein solcher Patient kann vielleicht viele Worte im Zusammenhang mit Gegenständen hervorbringen, wenn man ihm die Frage stellt ›Was ist dies oder das?‹, und er kann auch die Absicht beschreiben, mit der er das Wort ausspricht. In solchen Fällen scheint es zwar so, als ob der Patient den Gegenstand benennt, aber aus seiner Beschreibung geht klar hervor, daß er das in Wirklichkeit nicht tut.«[10]

Kategorien sind Beziehungen. Die Kategorie »rot« setzt Beziehungen sowohl zwischen den verschiedenen Rottönen als auch zu anderen Farbkategorien voraus. Wenn wir uns der Bedeutung eines Wortes bewußt werden und es verstehen, dann ist dieses Verständnis, unser subjektives Gefühl für das Wort, das Verständnis der Beziehungen, die seine Bedeutung ausmachen. Was Goldstein die »konkrete« Benutzung eines Wortes durch den Patienten nennt, zeigt das eingeschränkte Gefühl des Patienten für die Beziehungen, an die das Wort normalerweise denken läßt. Ein solcher Patient kann das Wort vielleicht in einem bestimmten Zusammenhang benutzen, aber die beschränkte Subjektivität dieser Verwendung zeigt sich an seiner Unfähigkeit, das Wort allein und isoliert zu verstehen. In seiner subjektiven Welt fehlen die abstrakten Beziehungen zur Umwelt, und deshalb verlieren die Worte zwangsläufig ihre abstrakte Bedeutung:

»Wie sehr konkret solche Worte genommen werden, läßt sich an einem anderen Beispiel demonstrieren. Bot man einer solchen Patientin ein Messer zusammen mit einem Bleistift an, bezeichnete sie es als ›Bleistiftspitzer‹; gab man ihr das Messer mit einem Apfel, war es für sie ein ›Apfelschäler‹; in Begleitung eines Stücks Brot wurde es zum ›Brotmesser‹, und zusammen mit einer Gabel war es ›Messer und Gabel‹. Das Wort Messer allein sprach sie nie spontan aus, und wenn man sie fragte: ›Könnte man es nicht immer einfach Messer nennen?‹, antwortete sie sofort: ›Nein‹.«[11]

Benennen ist also mehr als nur das Herstellen von Kategorien: Es ist der Aufbau von Beziehungen zwischen Gegenständen oder Menschen und einem selbst. Wie Goldstein nämlich feststellt, weigerten sich seine Patienten manchmal, das Wort »rot« zu benutzen, obwohl sie den Klang »rot« ohne Schwierigkeiten aussprechen konnten. Ein Patient, den man *zwang*, das Wort zu benutzen, sagte: »Ich sage das, weil Sie es so wollten.« Als man eine andere Patientin zwang, Stoffe nach der Farbe zu ordnen, sagte sie: »Das ist es überhaupt nicht. Es ist völlig falsch!«[12] Was sie damit vermutlich meinte, unterscheidet sich nicht sehr von dem, was Sacks sagen wollte, als er sein Bein als »fremd« bezeichnete, und das gleiche meinten wohl auch andere Patienten, die von »vorgetäuschten« Armen oder Beinen sprachen. Diese Patienten können bestimmte Worte nicht mehr in einem bedeutungstragenden Sinn gebrauchen, denn durch den Verlust des Selbstbezugs sind die Worte für sie »falsch« geworden. Goldsteins Patientin kann die Farben in Beziehung zu der Kleidung, die sie trägt, kategorisieren, aber nicht in Beziehung zu einem abstrakten Farbbegriff; dieser hat seine Bedeutung für sie verloren, weil sie ihn nicht mehr auf *sich* beziehen kann. Patienten mit Aphasie, die Worte wiederholen, aber nicht benutzen können (ein häufiges Phänomen), haben den Selbstbezug für die Kategorien verloren, die von diesen Worten repräsentiert werden. Die Worte erscheinen »falsch« in dem gleichen Sinn, in dem Sacks' Bein »fremd« war; die aphasischen Worte sind wie fremde Gegenstände.

Bedeutung und Verstehen sind demnach selbstbezogen: Sie ergeben sich aus dem Selbstbezug und werden im Hinblick auf ihn strukturiert. Veränderungen der Subjektivität, also des Bezugsrahmens, verändern die Bedeutung und das

Wissen im allgemeinen. Ein Patient in einem subjektiven Zustand, den Gelb und Goldstein als »konkret« bezeichnen, kann Worte nicht abstrakt verstehen. Die Bedeutung eines Wortes stammt ursprünglich aus der subjektiven Welt des einzelnen; sie ist nie absolut; sie hat eine unmittelbare Beziehung zum Körperbild einer Person und zu der Art, wie dieses Bild eingesetzt wird, um bestimmte körperliche Ziele zu erreichen. Ein abstrakteres Gefühl für die Bedeutung erfordert ein abstrakteres Gefühl für das Körperbild und seine Beziehung zu Handlungen. Durch Sprache kann ich mit einem anderen eine gemeinsame Grundlage schaffen und zu gegenseitigem Verstehen gelangen, weil wir die Lautäußerungen und Handlungen des anderen so begreifen können, daß sie nach den Maßstäben unserer eigenen subjektiven Welt und dessen, was wir daraus abstrahieren, etwas bedeuten. Die Gedanken und Handlungen anderer beziehen sich auf unsere persönliche Welt auf eine Weise, die unserer eigenen Art, uns mit zwangsläufig ähnlichen Erlebnissen auseinanderzusetzen, zwar nicht gleicht, aber doch ähnelt. Wenn wir eine bestimmte Person »Ezra« nennen, beziehen wir uns auf dieselbe Person, auch wenn wir den Betreffenden unterschiedlich wahrnehmen.

Wir müssen erkennen, daß die gesprochene Sprache, wie alle geistigen Tätigkeiten, einen Selbstbezug hat, und wenn die Gehirnmechanismen, die diesen Selbstbezug herstellen, sich verändern, dann verändert sich auch unser Sprachgebrauch, genau wie sich unser Wissen über unseren Körper oder die Gegenstände in unserer Umwelt wandelt. Diese Behauptung ist keine reine Spekulation: Durch sorgfältige Überprüfung der neurologischen Befunde wird sie nach meiner Überzeugung unvermeidlich.

Zur komplexen Struktur der Kategorien gehört auch, daß sie im Gehirn durch Selbstbezug aus weniger komplexen Kategorien aufgebaut werden. Durch Neubildung von Kategorien entstehen abstraktere, komplexe Strukturen. Der Verlust einzelner Worte bei einem hirngeschädigten Patienten ist klinisch, wie Head feststellt, niemals absolut; was bleibt, ist, wie auch Gelb und Goldstein äußern, eine linguistische Struktur von geringerer Komplexität. Head formuliert es so:

»Es ist absurd zu behaupten, der Patient sei ›worttaub‹ oder ›wortblind‹; seine Fähigkeit, gesprochene oder geschriebene Worte zu erkennen, hängt nämlich mehr von Art und Schwierigkeit des zu lösenden Problems ab als von dem Sinnesorgan, dem es präsentiert wird... Offensichtlich wird die Hypothese, daß der normale Sprachgebrauch auf akustischen und visuellen Bildern beruht, durch die Beobachtungen nicht gestützt, und sie kann das Phänomen der sogenannten ›sensorischen‹ Sprachstörungen nicht erklären ...«

Tatsächlich ist Sprache – und auch Denken im allgemeinen – keine Kombination von Worten oder auch Sätzen:

»Wir sprechen und denken nicht in Kombinationen verbaler Einheiten. Um die pathologischen Erscheinungsformen der Sprache zu verstehen, muß man sie als Störungen fortlaufender Handlungen ansehen, die nicht zu ihrem richtigen Abschluß gelangen. Sie beruhen nicht auf der Auflösung einzelner Worte, die hintereinander aufgereiht sind. Es ist nicht nur unmöglich, ein Wort in akustische und visuelle Elemente zu zerlegen, sondern die Krankheit analysiert einen Satz auch nicht nach seinen verbalen oder grammatikalischen Bestandteilen. Wir können nicht einmal annehmen, daß ein Satz im strengen Sinne eine Spracheinheit ist. Sprache ist eine fortlaufende Handlung, wie das Gehen. Aus einem einzigen Augenblicksfoto kann man sich unmöglich eine befriedigende Vorstellung davon machen, wie ein Mensch geht; damit ein Eindruck von Bewegung entsteht, müssen die Bilder wie in einem Filmprojektor in ununterbrochener Folge ablaufen.«[13]

Heads Ansichten waren, genau wie die von Gelb und Goldstein, ein Angriff auf die Behauptung der klassischen Neurologie, nach der die Unfähigkeit eines Patienten, bestimmte Worte zu benutzen, auf einen spezifischen Gedächtnisverlust zurückzuführen ist. Dennoch haben die alten Argumente heute wieder die Oberhand gewonnen, wenn auch in leicht abgewandelter Form; nicht bestimmte Worte, so die Behauptung, gehen durch den Gehirnschaden verloren, sondern Wortkategorien (Farben, Lebensmittel), von denen manche von Geburt an vorbestimmt sind. So behaupteten beispielsweise die französischen Psychologen Jacques Mehler und Emmanuel Dupoux, das visuelle System des Gehirns ordne »schon bei der Geburt Farben in Kategorien ein, ähnlich denen, die Erwachsene spontan benutzen«.[14] Wie sie feststellen, reagieren vier Monate alte Babys, die eine Zeitlang die Farbe Blau gesehen hatten, bei einem Wechsel zu Grün, aber nicht bei einem anderen Blauton. Aber selbst ein Kind von dreieinhalb Jahren, das bereits Worte wie »groß« und »klein« verwendet, kann Farben nicht benennen (diese Fähigkeit entsteht erst etwa mit vier Jahren). Diese Verzögerung bei der verbalen Einordnung von Farben, so ihre Argumentation, sei darauf zurückzuführen, daß die Sprachzentren erst später mit den visuellen Zentren verknüpft werden: »Die späte Aneignung von Worten für Farben bei Kindern ... [läßt sich durch die Annahme erklären], daß die Entwicklung dieser Rindenstrukturen langsam verläuft und erst im Alter von vier Jahren stattfindet.« Die gleichen Verbindungen sind nach ihrer Annahme bei Patienten wie denen von Gelb und Goldstein zerstört, so daß sie Farben, die sie sehr wohl wahrnehmen, nicht benennen können: Diese Patienten litten demnach »an einer Unterbrechung der Nervenbahnen, welche die Strukturen der Hirnrinde zur Unterstützung der Sehfunktion mit denen für die Sprache verbinden«. Demnach wären die Sprachzentren von den Sehzentren abgekoppelt, welche die angeborenen Kategorien für Farben schaffen, und das »erklärt die ähnlichen Befunde bei Kindern und dem Patienten«.[15]

Die Studie von Gelb und Goldstein läßt aber ganz im Gegenteil vermuten, daß »rot« *keine* angeborene Kategorie ist: Ihre Patientin kann verschiedene Rottöne, die sie durchaus wahrnimmt, nicht derselben Kategorie zuordnen. Das verallgemeinernde Wort »rot« hat für sie keine Bedeutung, weil sie zwischen den verschiedenen Tönen keinerlei Beziehung sieht: Sie findet es verwirrend, daß Gelb und Goldstein darauf bestehen, alle diese verschiedenen Farbtöne seien »rot«.

Entsprechend sind die Beobachtungen auch kein Beleg für das Argument, ein Kind betrachte die verschiedenen Töne einer bestimmten Farbe als Elemente derselben Kategorie. Wenn ein viereinhalb Monate altes Kind scheinbar (nonverbal) auf einen Farbwechsel von Blau nach Grün reagiert, aber nicht auf Veränderungen innerhalb der Kategorie »blau«, dann bedeutet das nicht, daß das Gehirn des Kindes alle Blautöne derselben Kategorie zugeordnet hat; es reagiert vielmehr auf die gesamte *Veränderung* des Reizes. Verschiedene Töne derselben Farbe (zum Beispiel verschiedene Blautöne) stellen relativ kleine Veränderungen der Lichtwellenlänge dar. Das Auge verfügt nur über drei Arten von Farbrezeptoren, die auf Wellenlängen im roten, grünen und blauen Bereich des Spektrums ansprechen und sich in ihrer Empfindlichkeit überlappen. Deshalb sorgt der Übergang von Blau nach Grün für eine erheblich stärkere Veränderung im Aktivitätsmuster der Rezeptoren als der Wechsel von einem Blau zum anderen. Und diese deutlichen Veränderungen im Aktivitätsmuster der Farbrezeptoren sind die Ursache für die Reaktion des Kindes.

Auch das ausgereifte visuelle System des Erwachsenen spricht auf Veränderungen der Reize an, und nicht auf ihre absolute Qualität. Ein Mensch in einem roten Anzug, der in einem Zimmer steht, das ganz und gar in demselben Rot gestrichen und möbliert ist, sieht schließlich alles in diesem Zimmer in irgendeinem Grau. Das Gehirn schafft Qualitäten – Farben, Klänge und andere Wahrnehmungen, deren wir uns bewußt sind –, indem es Beziehungen *zwischen* Reizen herstellt. Hätte alles Licht dieselbe Wellenlänge, so würden wir nur eine graue Welt kennen. Deshalb läßt sich nur sehr schwer untersuchen, ob ein Kleinkind verschiedene Töne derselben Farbe wahrnimmt. Plausibler erscheint die Vermutung, daß das Gehirn zunächst die Fähigkeit erlangt, die umfangreicheren Veränderungen beim Wechsel zwischen verschiedenen Farben zu unterscheiden, während es erst später die einzelnen Töne auseinanderhalten kann.

In Wirklichkeit handelt es sich bei den Kategorisierungen, die wir normalerweise für Farben und andere Arten von Reizen vornehmen, um Abstraktionen, die Sprache erfordern. Daß alle Töne einer Farbe eine Gruppe bilden, ist keine innere Eigenschaft der visuellen Reize selbst; sie sind nicht einmal in allen Sprachen in der gleichen Weise zu Gruppen zusammengefaßt. Die Eskimos haben zum Beispiel etwa zwanzig verschiedene Ausdrücke für verschiedene visuelle Eindrücke von Schnee; bei den Danis gibt es dagegen nur zwei und bei den Hanuoo vier Farbkategorien.[16] Genauso sind auch die Bezeichnungen »groß« und »klein«, die ein Kind offensichtlich mit etwa dreieinhalb Jahren erlernt, keine inneren Eigenschaften der Reize, sondern Abstraktionen, die nur durch Worte möglich sind und diese benötigen. Sicherlich könnte man auch ohne Sprache durch Handlungen ausdrücken, daß man Größen unterscheiden kann, aber die Vorstellung von Größe als abstraktem Begriff läßt sich nur mit Worten darstellen. Da ein Kind die Worte für Größe mit dreieinhalb Jahren benutzen kann, während es die für Farben aber erst ein halbes Jahr später gebraucht, liegt die Vermutung nahe, daß die Vorstellung von Farbe abstrakter ist als die von Größe. Der Vorgang der Kategorisierung, also von Abstraktion und Verallgemeinerung, baut auf sich selbst auf. Die höchsten Formen der Abstraktion erfordern die Sprache, aber auch linguistische Formen bauen auf sich selbst auf; bevor wir eine dreidimensionale Welt verstehen können, müssen wir die Welt der zwei Dimensionen beherrschen, und ein Kind weiß über Größen (»groß« und »klein«) Bescheid, bevor es sich mit Farben auskennt (»rot«, »grün« usw.). Das liegt nicht daran, daß Seh- und Sprachzentrum vorher nicht »verbunden« wären, und die »Entkoppelung«

dieser Zentren ist auch nicht der Grund, daß die Patientin von Gelb und Goldstein die Farben nicht benennen kann.[17] Die *linguistische* Kategorie »rot« ist erheblich abstrakter als die von »groß« oder »klein«. Das Erlernen komplexer Beziehungen setzt voraus, daß man zuerst die einfacheren kennenlernt.

Die Gesetzmäßigkeiten des Spracherwerbs – wie unseres Erwerbs der Wahrnehmungsfähigkeit im allgemeinen – lassen vermuten, daß dieser Vorgang auf eine grundlegende Funktion des Gehirns angewiesen ist: die Schaffung von Verallgemeinerungen oder, in einem weitgefaßten Sinn, die Herstellung von Beziehungen. Und ein unerläßlicher Bestandteil der linguistischen Verallgemeinerung ist ihr bewußter, subjektiver Charakter. Daß Kinder zuerst die Worte für Größe und erst später die für Farben lernen, ist ein Beispiel für die zunehmende Komplexität des Verallgemeinerungsvorgangs. Sogar die Entwicklung sprachlicher Fähigkeiten im allgemeinen – besonders das Erlernen der Grammatik – ist ein ausgezeichnetes Beispiel für diesen Prozeß. Das Lernen einer Sprache läßt sich sehr wohl beschreiben als Erwerb der Fähigkeit zum Verallgemeinern oder Kategorisieren: »Keine Lernaufgabe fordert die Fähigkeit der Kinder zum Kategorisieren stärker als das Sprechenlernen. Die Formen der Sprache sind selbst Kategorien, und diese sind verknüpft mit einem riesigen Geflecht kategorischer Unterscheidungen von Bedeutungen und Gesprächsfunktionen.«[18]

Die ersten artikulierten Lautäußerungen eines Kindes sind beispielsweise einzelne Worte oder wortähnliche Geräusche, die in einer kategorischen Beziehung zu bestimmten Gegenständen, Menschen und Handlungen stehen. Sie werden gewöhnlich in ihrem Bezug zu stark ausgeweitet (»Wauwau« für alle vierbeinigen Tiere), Bedeutungen verschieben sich, und dann werden neue Worte erfunden und anschließend wieder verworfen.[19] Im Alter von etwa 18 oder 20 Monaten beginnt das Kind, die »symbolische« Funktion der

Worte einzusehen, und dann hält es sie nicht mehr für einen Teil der Gegenstände oder Menschen, die sie bezeichnen. Grammatische Strukturen wie die Zeiten der Verben, Singular und Plural der Substantive, Präpositionen usw. tauchen im allgemeinen zusammen mit Lautäußerungen aus zwei Worten auf. Später werden diese Zwei-Wort-Äußerungen mit »und« verbunden, und schließlich werden längere, einfache Sätze gebildet. Nun kann das Kind Sätze wie »Die Katze stößt den Ball« und »Der Ball stößt die Katze« unterscheiden. Nach und nach erkennt das Kind seine Beziehung zu Gegenständen und parallel dazu auch seine Beziehung zu anderen Menschen, und das spiegelt sich in seinen wachsenden sprachlichen Fähigkeiten wider. Kinder lernen zuerst »ich« und »du«; später kommen »er, »sie« und »es« hinzu; Beziehungen *zwischen* anderen zu beobachten, ist ein abstrakterer Vorgang als die Beobachtung der eigenen Beziehungen, denn man muß dazu vom Selbstbezug abstrahieren, der dann nur indirekt durch die Beobachtung der Beziehungen zwischen den anderen beteiligt ist.[20] Die zunehmende Komplexität in den Lautäußerungen des Kindes ist also Ausdruck seines wachsenden Verständnisses für abstrakte Beziehungen.

Diese Entwicklung verläuft bei allen Kindern, die eine Sprache lernen, ähnlich – Untersuchungen gibt es für das Englische, und verwandte Gesetzmäßigkeiten hat man auch in vielen anderen Sprachen beobachtet. Feine Unterschiede gibt es allerdings bei der Art, wie blinde Kinder die Sprache erwerben. Da ein blindes Kind die Beziehungen zwischen Gegenständen und Menschen nicht visuell erfassen kann, erweitert es die Bedeutung seiner Lautäußerungen nicht. Sehende Kinder sind irgendwann in der Lage, Ereignisse aus verschiedenen Blickwinkeln zu beschreiben; die Äußerungen eines blinden Kindes beziehen sich dagegen immer auf den Standpunkt des Ich. Während der Wortschatz sehender Kinder im Alter von etwa 18 Monaten sprunghaft ansteigt, wächst er bei blinden Kindern langsam und stetig, und sie erfinden keine eigenen Worte. Da sie Ereignisse immer erst wahrnehmen, wenn sie geschehen sind (John läßt den Ball zu dem Kind rollen, und das Kind weiß erst, daß er ihm zugeschoben wurde, nachdem es ihn berührt hat), sprechen sie früher als andere Kinder über die Vergangenheit.[21] Sie stellen Kontakte mit anderen über die gemeinsame Vergangenheit her. Die Unterscheidung vergangener und gegenwärtiger Ereignisse dürfte für blinde Kinder eine der wichtigsten Methoden sein, um die abstrakten Beziehungen zu erkennen, aus denen die Ereignisse bestehen und die in die zu ihrer Beschreibung verwendeten sprachlichen Strukturen eingebettet sind.

Sehende Kinder verstehen manche Aspekte des symbolischen Gehalts der Sprache relativ früh, denn sie haben gelernt, die Beziehungen zwischen Gegenständen und Menschen außerhalb des Selbstbezuges zu verallgemeinern. Ein blindes Kind hat dabei größere Schwierigkeiten. Der Wortschatz des sehenden Kindes nimmt diese komplexen Beziehungen in Erinnerungen auf – nicht im Sinne gespeicherter Bilder, sondern als Fähigkeit, komplexe Beziehungen zu verstehen und zu behalten. Die Lautäußerungen des Kindes nehmen symbolischen Charakter an; angesichts dieser neuen Fähigkeit zur Abstraktion wird ein größerer Wortschatz nützlich und verständlich. Das gleichaltrige blinde Kind besitzt diese Fähigkeit zur Abstraktion noch nicht, und sein etwas langsameres Erlernen von Worten entspricht einem weniger komplexen Gedächtnis; später entwickelt es aber mit anderen Methoden (lebhafteres Gefühl für Vergangenheit im Gegensatz zur Gegenwart, größere Abhängigkeit von der Sprache der Mutter) ebenfalls ein komplexes Gedächtnis.

Sowohl blinde als auch sehende Kinder entwickeln ihre sprachlichen Fähigkeiten, indem sie ihre eigene Sprache sowie die der Erwachsenen in Hinblick auf die Entwicklung ihrer eigenen Vorstellungswelt kategorisieren und umstrukturieren, und dafür sind sie zunächst auf die körperliche Erforschung ihrer Umgebung angewiesen. Wenn die Sprache dann symbolischen Charakter gewinnt, wird sie zu einem Teil dieser Entwicklung der Vorstellungswelt. Soweit der Sprachgebrauch der Erwachsenen jenseits des Begriffsvermögens eines Kindes liegt, nimmt das Kind ihn nicht zur Kenntnis; es benutzt die Sprache nur in dem Umfang, in dem sie in seine Vorstellungswelt paßt. Das Vorbild der Erwachsenen beschränkt und erweitert also die kindliche Wahrnehmung der Umwelt.[22]

Bewußtsein ist ein Kontinuum. Wie Head bemerkte, können wir unsere Körperhaltung nur in Beziehung zu einem früheren Zustand beschreiben. »Wissen« können wir etwas nur im Verhältnis zu dem, was wir kurz zuvor wußten. Eine bewußte Wahrnehmung ist nicht die Wahrnehmung des Alten oder des Augenblicklichen, sondern die der Umwandlung und Verschmelzung von beiden. Auch Sprache hat ihre Bedeutung in Beziehung zu dem, was wir einige Augenblicke zuvor wußten. Die Sprachentwicklung eines Kindes – von Silben mit zu stark erweiterter Bedeutung über Zwei-Wort-Äußerungen bis hin zu Sätzen – ist eine individuelle Geschichte des Bewußtseins; dabei drückt die Sprache zunächst die kindliche Wahrnehmung der Welt aus; später wird sie ein Teil davon und trägt sogar zu ihrer Festlegung bei. Die Wahrnehmungswelt des Kindes entwickelt sich zusammen mit seiner Sprachwelt. Beide sind so eng verwandt wie die Welt eines sehenden Kindes mit seinem Bewegungs- und Tastsinn.

Kinder, denen man menschliche Kontakte vorenthält, lernen nie sprechen, und ihre Wahrnehmung der Welt muß deshalb ganz anders beschaffen sein als die von Jugendlichen, die mehr Glück hatten. Andererseits lernen Kinder, die zwar mit Gleichaltrigen Kontakt haben, denen aber das Vorbild der Erwachsenen fehlt, unter sich zu gestikulieren und zu plappern, und diese Gesten und Plapperlaute kategorisieren sie zu einer Form der Kommunikation, die man als »Gebärdensprache« bezeichnen kann. Ohne die von den Erwachsenen vorgegebenen Maßstäbe entwickelt sich daraus aber keine echte Sprache mit Symbolen und einer ausgereiften Grammatik. Normale Kinder können nach und nach die symbolischen und grammatikalischen Eigenschaften der Sprache aus dem Reden der Erwachsenen ableiten. Ohne ein solches Vorbild müssen sie die Begriffe von Grammatik und Symbolen unter sich selbst schaffen; und das Ableiten (d.h. das Neukategorisieren) der Symbole aus Gesten und der Grammatik aus Beziehungen zwischen Symbolen ist ein sehr langer Prozeß.

Die Entwicklung allgemeiner Sprachmuster dauert mehrere Jahre und ist nach der Pubertät offensichtlich nicht mehr möglich. Für eine Kindergeneration ist es sogar unmöglich, dieses Ziel zu erreichen; erst eine zweite Generation, der die von den älteren Kameraden erfundene »Gebärdensprache« als Vorbild dient, kann eine echte grammatische Sprache mit Symbolen hervorbringen. Eine Generation baut auf dem Verhalten der vorhergehenden auf, d.h., sie abstrahiert davon. Der komplizierte Vorgang des Abstrahierens und Kategorisierens sowie die zeitliche Beschränkung verhindern, daß sich höher entwickelte grammatikalische Formen bilden, wenn »Plappern« das einzige »Sprachmodell« ist. Das Erlernen einer Sprache ist ein langsamer Prozeß. Es müssen sich viele verschiedene Arten von Abstraktion und Kategorien entwickeln, denn beide sind Beispiele für die Herstellung von Beziehungen.

Dieser lange Prozeß des Abstrahierens oder Kategorisierens vom Plappern (bzw. in der zweiten Generation von Gesten) läßt Sprache entstehen. Im Gegensatz zu manchen Behauptungen gibt es keine angeborenen, sprachspezifischen Nervenstrukturen, denn wenn es sie gäbe, warum können dann plappernde Kinder ohne andere Sprachvorbilder keine echte Sprache mit Grammatik und Symbolen entwickeln? Warum ist eine zweite Generation erforderlich? Genau wie der beschriebene normale Ablauf des Spracherwerbs, so ist auch dieser zweistufige Vorgang nur schwer in Einklang zu bringen mit Behauptungen, es gebe im Gehirn angeborene, spezifische Strukturen für die Sprache. Als in der Evolution größere Gehirne entstanden, wobei sich gleichzeitig die Fähigkeit der Muskeln entwickelte, komplizierte Lautäußerungen oder Handbewegungen hervorzubringen, stieg auch die Fähigkeit, von den Wechselwirkungen der Gebärdenmuster zu abstrahieren. Die echte Sprache mit Grammatik und Symbolen entwickelte sich nicht auf einmal, sondern sie benötigte für ihre Entstehung mindestens zwei Stadien. Den zweistufigen Verlauf kann man auf mehrere verschiedene Arten beobachten. So entwickeln beispielsweise taube Kinder, deren Eltern keine Zeichensprache beherrschen, eine Gebärdensprache. Eine Studie beschreibt die Gesten unter tauben Kindern mit folgenden Worten:

> »Die Kinder entwickelten zwei Arten von Zeichen, um Gegenstände und Handlungen zu bezeichnen. Zunächst benutzten sie deiktische Zeichen, im typischen Fall Hinweisgesten; diese ermöglichten es den Kindern wie die Pronomen der Sprache (z.B. ›dieses‹ oder ›dort‹), einen Gegenstand oder eine Person in der Gegenwart sehr wirksam zu bezeichnen. Jedoch ... ist ein Zusammenhang erforderlich, um diese Zeichen zu interpretieren... Die Kinder brachten Zeichen eines zweiten Typs hervor, die charakterisierenden Zeichen; dabei handelt es sich um motorisch-ikonische Zeichen, die Handlungen, Gegenstände oder – weniger häufig – Eigenschaften benennen. Eine geballte Faust, die in der Nähe des Mundes vor- und zurückbewegt wird, bezeichnet beispielsweise eine Banane oder das Essen einer Banane. Beide Hände, in Schulterhöhe auf- und abbewegt, bedeuten einen Vogel oder den Vorgang des Fliegens... Neben diesen lexikalischen Leistungen verketteten die Kinder ihre deiktischen und charakterisierenden Zeichen zu Zeichenfolgen, mit denen sie Beziehungen zwischen Gegenständen und Handlungen übermittelten. So deutete ein Kind auf einen Schuh und dann auf einen Tisch, weil es wollte, daß der Schuh ... auf den Tisch gelegt wurde.«[23]

Die Gebärdensprache der ersten Generation kann im Laufe der Zeit angereichert werden, aber sie kann sich nicht zu einer echten Zeichensprache mit Symbolen und vollständig ausgebildeter Grammatik entwickeln, denn wie ich bereits erwähnt habe, bilden sich sprachliche Fähigkeiten (das heißt das Erlernen komplizierterer Gebärdenmuster oder einer vollständigen Syntax) nach der Pubertät nicht mehr. Jüngere taube Kinder, die nicht mit einer Zeichensprache in Kontakt gekommen sind, entwickeln aber eine echte Zeichensprache, wenn sie in die Gesellschaft von Kindern kommen, die sich durch Gebärdensprache verständigen. In England war beispielsweise die Zeichensprache in den Schulen für Taube verboten, und die Schüler wurden gezwungen, die gesprochene Sprache nachzuahmen, aber dennoch entwickelten sie eine Sprache mit Gebärden, mit der sie sich hinter dem Rücken ihrer Lehrer verständigten. Wenn jüngere Schüler diesen Austausch bemerkten, fingen sie unter sich ebenfalls an, sich mit Zeichen zu unterhalten, und schließlich entwikkelten sie eine vollständige grammatische Sprache mit einer Syntax, die den heutigen Zeichensprachen gleichwertig war. Jüngere taube Kinder abstrahieren (kategorisieren) also die Gebärden älterer Kameraden und schaffen daraus Symbole und abstraktere Kategorien für die Beziehungen zwischen diesen Symbolen – eine echte Grammatik. Ein älteres Kind deutet vielleicht mit einer Gebärde auf ein Kaninchen, um seinen Gegenstand zu benennen; das jüngere Kind kategorisiert die Zeigegeste als »Kaninchen«, und damit wird die Gebärde zu einem Symbol. Die Beziehungsmuster der Gebärden werden dann zu einer Grammatik abstrahiert, und wenn das Kind seinen Wortschatz erweitert, verschwindet die Zweideutigkeit des Symbols.

Eine ähnliche Gesetzmäßigkeit hat man bei der Entwicklung des Kreolischen aus den Pidginsprachen beobachtet. Pidginsprachen entstehen, wenn eingewanderte Arbeiter aus verschiedenen Sprachräumen in ihrer gemeinsamen Zweitsprache ein Kommunikationssystem aufbauen müssen. Sie ähneln der Zeichensprache mit Gebärden insofern, als ihre Grammatik ebenfalls primitiv oder überhaupt nicht vorhanden ist. (Der Satz »Gebäude oben Stelle Wandteil Jetztzeit und dann Jetzttemperatur jedesmal die geben« bedeutet: »Oben an der Wand ist ein Zeichen, das dir jetzt die Zeit und die Temperatur anzeigt.«[24]) Die Kinder der pidginsprechenden Bevölkerung abstrahieren oder rekategorisieren das Pidgin ihrer Eltern und entwickeln so eine kreolische Sprache, genau wie die tauben Schüler die Gebärden älterer Kameraden neu kategorisieren. Kreolisch sprechende Bevölkerungsgruppen in Hawaii, Jamaica oder auf den Seychellen haben keinen gegenseitigen Kontakt, aber dennoch sind die grammatikalischen Strukturen ihrer jeweiligen kreolischen Sprachen erstaunlich ähnlich. Und die Fehler von Kindern, die andere Sprachen als ihre »Muttersprache« lernen, ähneln ebenfalls oft dem Kreolischen.

Nach Ansicht mancher Linguisten sind diese gemeinsamen Merkmale ein Hinweis auf angeborene biologische Regeln für Sprache. Aber sie lassen sich auch durch kulturelle Erfordernisse erklären; und die Entwicklung des Kreolischen aus dem Pidgin ist den Entwicklungsstadien der Zeichensprache analog. Diese Gesetzmäßigkeiten lassen nach meiner Überzeugung auf ein kategorisches Wesen der Gehirnfunktion schließen, das heißt auf die ständige Herstellung von Beziehungen, und nicht auf die Existenz angeborener Regeln im Gehirn.[25]

Die kategorisierende Gehirnfunktion erklärt auch gut die Vielfalt der menschlichen Sprachen. Das ist ein weiteres Beispiel dafür, wie das Gehirn seine eigenen Verallgemeinerungen dauernd umarbeitet. Die Umwandlung der Gebärdenform einer Sprache in eine echte grammatikalische Sprache ist übergangslos verbunden mit den Abstraktionsvorgängen, welche die ursprüngliche Gebärdensprache geschaffen hatten; es kann kaum überraschen, daß diese Prozesse auf der ganzen Welt unterschiedliche Sprachformen entstehen lassen. Sprache ist die höchste Form der Subjektivität, einer Subjektivität, die über das Ich und seine Beziehungen zu anderen reflektieren kann. *Alle* Formen der Subjektivität, auch die nichtsprachlichen, betreffen die Beziehungen zwischen dem einzelnen und seiner Umwelt; Subjektivität ist selbst eine Frage von Beziehungen, und das gleiche gilt für die Sprache. Genau wie es in völliger Isolation keine Sprache geben kann, so kann auch kein Bewußtsein existieren, wenn das Gehirn keinen Bezug zur Umgebung herstellt. Erstaunlich ist an der Sprache, daß sie Beziehungen zwischen der Subjektivität der Einzelpersonen sowie zwischen dem einzelnen und *ihm* selbst herstellt (die Phase der echten Sprache, die Selbstreflexion möglich macht). Grammatik ist ein Nebenprodukt dieses Abstraktionsprozesses. Sprache entwickelt sich also genauso wie Subjektivität und Bewußtsein im allgemeinen. Sie als abhängig von einem System grammatikalischer Regeln zu betrachten, verfälscht ihre wahre Natur; sie ist Teil der eigentlichen Bewußtseinsstruktur.

Wenn Sprache Kategorien herstellt, dann bedurfte es zu ihrer Entstehung in der Evolution nicht der Entwicklung eines besonderen »Sprachorgans«. Unsere menschenähnlichen Vorfahren und auch die Menschen selbst erlangten vielmehr nach einem beträchtlichen Anstieg des Gehirnvolumens und der Entwicklung des Stimmapparats die Fähigkeit, komplizierte Lautäußerungen und Handbewegungen hervorzubringen. Ein besonderes Gedächtnissystem tauchte auf, das die Bewegungsmuster der Stimmbänder in Kategorien einteilte. Das Gehirn verknüpfte diese Bewegungen mit der nichtsprachlichen Kategorisierung seiner eigenen Aktivitäten, und durch Kategorisierung dieser verknüpften Signale in einem weiteren besonderen Gedächtnissystem schuf es die Voraussetzung für ein Gebärdensystem, das sich auf Gegenstände und Handlungen beziehen kann. Eine entwickelte Gebärdensprache wird zu einem Reiz und wird zu Symbolen und einer echten Syntax neu kategorisiert. Nach ausreichender lexikalischer Erfahrung wird die Sprache von den Kategorisierungszentren wiederum als Reiz behandelt und neu kategorisiert; damit wird die Sprache ein unabhängiges Mittel des Denkens, das die Vorstellung von Vergangenheit, Gegenwart und Zukunft schafft.

Die Sprache tauchte demnach auf, als komplizierte Bewegungen der Stimmorgane und der Hände möglich wurden und als das größer gewordene Gehirn (mit Broca- und Wernicke-Zentrum und den zugehörigen Verbindungsbahnen) diese Bewegungsäußerungen kategorisieren konnte. Die Gebärden der Stimmbänder und der Hände wurden zu einem dynamischen Bezugsrahmen und damit zu einem Teil der Sprache (und für sie unentbehrlich), genau wie das dynamische Körperbild der Bezugsrahmen der visuellen Wahrnehmung (und für sie ebenfalls unentbehrlich) ist.

Diese Vorstellung von der linguistischen Entwicklung – daß sich Sprache von einer »gestischen« zu einer »symbolischen« Form entwickelt – gibt manchen modernen linguistischen Argumenten eine neurophysiologische Grundlage. Sie steht aber im Widerspruch zu der Behauptung, Sprache beruhe auf genetisch bestimmten, angeborenen Strukturen, die nach sehr genauen Regeln funktionieren. Wie bereits erwähnt wurde, hat Edelman gezeigt, daß Gene die Feinstruktur der Verzweigungen von Nervenzellen nicht festlegen können und daß man sich deshalb nur schwer vorstellen kann, wie solche Regeln im Gehirn festgeschrieben sein sollten. Da das Gehirn auf nicht vorhersehbare Umweltreize reagiert, die von sich aus keine vorherbestimmte Bedeutung haben, versteht man diese Reaktionen des Gehirns am besten, wenn man sie als Kategorisierung der Reize betrachtet. Wie ich bereits erläutert habe, betrachtet man einen angeblichen Hinweis auf angeborene Sprachregeln – daß nämlich der enormen Vielfalt menschlicher Sprachen möglicherweise bestimmte allgemeine Regeln zugrunde liegen, die man als universelle Grammatik bezeichnet – vielleicht besser als Hinweis auf die Kategorisierungsfunktion des Gehirns. Die grundlegenden Bewegungsmuster, die in der Sprache benutzt werden, sind nämlich nicht nur begrenzt, sondern bei den vorsprachlichen Kategorisierungen, mit denen sie gekoppelt sind, handelt es sich um sehr weitgefaßte Unterscheidungen, die es dem Gehirn ermöglichen, Beziehungen zwischen Gegenständen und Handlungen herzustellen.

Die Vorstellung von einer universellen Grammatik ist nicht neu. Einer ihrer Verfechter war Anfang des neunzehnten Jahrhunderts der deutsche Philosoph Wilhelm von Humboldt (1767–1835); die Diagrammzeichner nahmen seine Arbeiten nicht zur Kenntnis, aber er beeinflußte Gelb und Goldstein. Humboldt sprach von der »Form der Sprache«, und damit meinte er die größere Struktur, zu der die einzelnen Sprachen gehören:

> »Der Begriff der Form der Sprachen dehnt sich weit über die Regeln der Redefügung und selbst über die der Wortbildung hin aus, insofern man unter der letzteren die Anwendung allgemeiner logischer Kategorien des Wirkens, des Gewirkten, der Substanz, der Eigenschaft usw. auf die Wurzeln der Grundwörter versteht. Er ist ganz eigentlich auf die Bildung der Grundwörter selbst anwendbar und muß in der Tat möglichst auf sie angewandt werden, wenn das Wesen der Sprache wahrhaft erkennbar sein soll.«

Für ihn waren alle Sprachen Ausdruck einer allgemeineren linguistischen Struktur oder Form: »Man muß durch die Darstellung der Form den spezifischen Weg erkennen, welchen die Sprache ... *zum Gedankenausdruck* einschlägt. Man muß zu übersehen imstande sein, wie sie sich zu anderen Sprachen ... verhält. Sie ist in ihrer Natur selbst eine Auffassung der einzelnen ... *Sprachelemente in geistiger Einheit*.«[26]

In neuerer Zeit vertrat Noam Chomsky eine ähnliche Position; er ersetzte den Begriff »Form« durch »universelle Grammatik«:

»Die Untersuchung der universellen Grammatik ... ist die Untersuchung des Wesens der intellektuellen Fähigkeiten des Menschen. Sie versucht, die notwendigen und hinreichenden Bedingungen zu formulieren, die ein System erfüllen muß, damit es sich als menschliche Sprache eignet; diese Bedingungen gelten nicht zufällig für alle bestehenden Sprachen der Menschen, sondern sie sind verwurzelt in der menschlichen ›Sprachfähigkeit‹; deshalb stellen sie das angeborene Muster dar, das bestimmt, was als Spracherfahrung gilt und welche Sprachkenntnis auf der Grundlage dieser Erfahrung entsteht.«[27]

Im weiteren Verlauf trifft Chomsky eine klare Unterscheidung zwischen den angeborenen Regeln für eine bestimmte geistige Funktion (wie zum Beispiel Sprache) und dem Gedächtnis: »Sprache ist ein von Regeln bestimmtes und nicht vom Gedächtnis erzeugtes Verhalten.«[28] Ein Kind, das eine Sprache lernt, hat demnach »die Kenntnis der geeigneten Regeln und Formen«, »aber aus irgendeinem Grund fehlt ihm die Fähigkeit, sie zu benutzen; ... vielleicht wegen der Beschränkungen des Gedächtnisses«.[29] Nach seiner Ansicht sind die Regeln der Sprache anders als die Gesetzmäßigkeiten, die anderen geistigen Funktionen zugrunde liegen, und das Gedächtnis ist danach eindeutig ein eigenes »System«, unabhängig davon, welche Rolle es bei einer bestimmten geistigen Funktion spielt:

»Es gibt im Augenblick wenig Grund zu der Annahme, daß der kognitiven Struktur oder selbst der menschlichen Wahrnehmung allgemeine Prinzipien zugrunde liegen, die sich auf einer höheren Ebene äußern und aus denen man die besonderen Eigenschaften bestimmter ›geistiger Organe‹ wie zum Beispiel der Sprachfähigkeit ableiten kann, ja, es scheint noch nicht einmal aufschlußreiche Analogien zwischen diesen verschiedenen Systemen zu geben. Natürlich erwartet man sehr wohl den Befund, daß manche Systeme – zum Beispiel die des Gedächtnisses – Eingang in verschiedene Erkenntnisprozesse finden, aber das ist eine ganz andere Frage.«[30]

Humboldts Sichtweise ist eher zweideutig. Zwar verschleiert er die Frage des Gedächtnisses, aber er äußert die Vermutung, daß sprachliche Fähigkeiten im Laufe der Zeit erworben werden, wobei das bereits Gelernte immer wieder neu kategorisiert wird:

»Das Sprechenlernen der Kinder ist nicht ein Zumessen von Wörtern, Niederlegen im Gedächtnis und Wiedernachlallen mit den Lippen, sondern ein Wachsen des Sprachvermögens durch Alter und Übung. Das Gehörte tut mehr, als bloß sich mitzuteilen; es schickt die Seele an, auch das noch nicht Gehörte leichter zu verstehen, macht längst Gehörtes, aber damals halb oder gar nicht Verstandenes, indem die Gleichartigkeit mit dem eben Vernommenen der seitdem schärfer gewordenen Kraft plötzlich einleuchtet, klar und schärft den Drang und das Vermögen, aus dem Gehörten immer mehr und schneller in das Gedächtnis hinüberzuziehen, immer weniger davon als bloßen Klang vorüberrauschen zu lassen.«[31]

Diese Passage weist auf die Vorstellung von einer universellen Grammatik hin, und tatsächlich spricht Humboldt von Gesetzen der Erzeugung. Interessanterweise stehen diese Gesetze der Erzeugung im Einklang mit der Theorie von der Kategorisierung. Man kann Humboldt lesen, wie man möchte: Er beeinflußte sowohl Chomsky als auch die ganz andere Denkrichtung von Gelb und Goldstein. So schreibt er zum Beispiel:

»Auch die Betrachtung des durch die Sprache Erzeugten wird die Vorstellungsart, als bezeichne sie bloß die schon an sich wahrgenommenen Gegenstände, nicht bestätigen. Man würde vielleicht niemals durch sie den tiefen und vollen Gehalt der Sprache erschöpfen. Wie ohne diese kein Begriff möglich ist, so kann es für die Seele auch kein Gegenstand sein, da ja selbst jeder äußere nur vermittelst des Begriffes für sie vollendete Wesenheit erhält.«

Und wenn man annimmt, daß der Spracherwerb die Neukategorisierung bedeutet, dann ist er auch selbstbezogen oder subjektiv wie alle Wahrnehmungsvorgänge:

»In die Bildung und in den Gebrauch der Sprache geht aber notwendig die ganze Art der subjektiven Wahrnehmung der Gegenstände über. Denn das Wort entsteht eben aus dieser Wahrnehmung, ist nicht ein Abdruck des Gegenstandes an sich, sondern des von diesem in der Seele erzeugten Bildes. Da aller objektiven Wahrnehmung unvermeidlich Subjektivität beigemischt ist, so kann man, schon unabhängig von der Sprache, jede menschliche Individualität als einen eigenen Standpunkt der Weltansicht betrachten.«[32]

Die Subjektivität, d.h. das selbstbezogene Wesen der Sprache ergibt sich indirekt aus der Behauptung, daß sie kategorisch ist, denn Kategorien leiten sich aus individuellen Erfahrungen ab. Die Kategorien sind das Gedächtnis, und deshalb beschreiben die Regeln, die sich aus der Kategorisierung ergeben, den Vorgang der Erinnerung.

Chomskys Unterscheidung zwischen »von Regeln bestimmtem« und »vom Gedächtnis erzeugtem« Verhalten ist irreführend, denn beide sind Beschreibungen desselben Vorgangs. Eine ähnliche Unterscheidung trafen auch die Neurologen des neunzehnten Jahrhunderts, die glaubten, Gedächtnisbilder würden in besonderen (vorprogrammierten) Gehirnzentren gespeichert. Im Gegenteil: Vom Gedächtnis erzeugtes Verhalten muß kategorisches, also selbstbezogenes Verhalten sein. *Jedes bewußte Verhalten ist kategorisierend und selbstbezogen.* Auch Sprachverhalten ist bewußtes Verhalten, und deshalb muß es ebenfalls die beschriebenen Struktureigenschaften des Bewußtseins aufweisen. Die Wege, auf denen Kategorien geschaffen werden, lassen sich in Form von Regeln beschreiben; die Regeln, die in den verschiedenen Wahrnehmungsbereichen (visuell, sprachlich usw.) auftauchen, werden unterschiedlich sein, aber der Vorgang (selbstbezogene Kategorisierung) ist immer der gleiche. Die Ursache, daß das Gehirn eine Gruppe von Kategorien und nicht eine andere schafft, hat mit der Art der Reize, früheren Erfahrungen des einzelnen und den Beschränkungen der körperlichen Bedürfnisse und der möglichen Handlungen zu tun. Der Selbstbezug ist ein unverzichtbarer Bestandteil dieses Vorgangs. Im Lauf der Zeit können die Handlungen eine gewisse Regelmäßigkeit erlangen, die man durch Regeln beschreiben kann. Aber man darf diese Regeln nicht mit den wirklichen Vorgängen im Gehirn verwechseln. Die Argumente für eine universelle Grammatik haben eine unverkennbare Ähnlichkeit mit den Behauptungen der Präformationstheorie, mit der man im achtzehnten Jahrhundert die Komplexität des Körperbaus bei Neugeborenen zu erklären versuchte; danach sollte die komplexe Form schon von vornherein in Ei- und Samenzelle vorhanden sein. Ganz ähnlich bestehen manche Linguisten darauf, die Grammatik müsse in unserem Gehirn vorprogrammiert sein, denn sonst könnten wir sie nie erwerben. Aber diese Behauptung verwechselt das Endergebnis mit den Vorgängen, die es hervorbringen. Tatsächlich haben die Theorien von angeborenen Regeln und angeborener Grammatik etwas schrecklich Irreführendes. Der englische Philosoph und Historiker R. C. Collingwood schrieb einmal:

»Wir vermuten vage, sie [die Grammatik] sei eine Wissenschaft; wir denken, der Grammatiker, der eine Abhandlung schreibt und die Sprache in Teile zerlegt, finde die Wahrheit über sie heraus, und wenn er Regeln für die Beziehungen zwischen diesen Teilen formuliert, dann glauben wir, er erkläre uns, wie der Geist der Menschen funktioniert, wenn sie sprechen. Aber das ist weit von der Wahrheit entfernt. Ein Grammatiker ist kein Wissenschaftler, der die wirkliche Struktur der Sprache untersucht; er ist vielmehr ein Metzger, der aus lebendem Gewebe verkäufliche und genießbare Bratenstücke macht. Sprache, wie sie lebt und wächst, besteht genausowenig aus Verben, Substantiven und so weiter, wie lebende und wachsende Tiere sich aus Eisbeinen, Schinken, Rumpsteaks und anderen Fleischteilen zusammensetzen.«[33]

Es ist keine Überraschung, daß die Vorgänge, die das Bewußtsein entstehen ließen, auch zuallererst die Ursache für die Schaffung der Sprache waren. Worte und Sätze sind Quelle und wichtigstes Erzeugnis der geistigen Bilder des höheren Bewußtseins. Und genau wie die nichtsprachlichen geistigen Bilder im Bewußtsein eine unwiederbringliche, individuelle Vergangenheit und Gegenwart umwandeln, haben auch Worte und Sätze eine unwiederbringliche Geschichte, die bei jedem Menschen anders ist. Die Bedeutung von Worten und Sätzen gründet sich sowohl auf einen Erfahrungsschatz als auch auf den augenblicklichen Zusammenhang, und die geistigen Bilder, die darauf aufbauen, verändern beides. Die geistigen Bilder, die im nichtsprachlichen Bewußtsein und in der Sprache entstehen, sind also analog; sie stellen zwei verschiedene Wege dar, auf denen Geschichte und Gegenwart verändert werden. Die Sprache schafft sicher unendlich viel reichhaltigere Kombinationsmöglichkeiten, aber sie ist eine Weiterentwicklung derselben Grundprinzipien, die auch das erste bewußte geistige Bild entstehen ließen. In der Evolution entwickelten sich neue Gehirnbereiche, aber keine neuen Prinzipien der Gehirnfunktion. Mit der Sprache kam eine ausdrückliche Form des Selbstbezuges hinzu; Menschen sind sich ihrer selbst im Gegensatz zu anderen bewußt. Die Begriffe »Ich«, »Du« und »die anderen« entstanden und mit ihnen auch die Möglichkeit, daß das Ich aus »mehreren Persönlichkeiten« bestehen kann.

V

MULTIPLE PERSÖNLICHKEITEN – WAS IN EINEM NAMEN STECKT

Im Laufe der Zeit verändern wir uns, aber dennoch *wissen* und *fühlen* wir, daß wir immer dieselbe Person bleiben. »Weisheit«, »Reife«, »Wachstum« – all das sind Begriffe, mit denen wir unsere Empfindungen für die Vergangenheit wie auch für die Gegenwart beschreiben. Wir können etwas »bereuen« oder etwas tun, was »nicht zu uns paßt«; mit diesen Ausdrücken gestehen wir ein, daß die Sache, die wir bereuen, oder eine seltsame Handlung unsere eigene ist. Wir können uns selbst als Vielfalt von Persönlichkeiten beschreiben, aber diese Bemühung widerspricht unserem Gefühl der Einheit; die kleinen oder auch gar nicht so kleinen Abweichungen in unserer Persönlichkeit sind ein wesentlicher Bestandteil unseres einheitlichen Ichgefühls.

Letztlich läßt sich unser Gefühl des Einsseins, das Empfinden, eine einheitliche Persönlichkeit darzustellen, nicht von dem Gefühl trennen, daß wir einen Namen haben, genau wie wir unsere Wahrnehmung dessen, was wir als Röte bezeichnen, nicht von dem Wort »rot« abspalten können. Unser Name, das sind wir. Mit Namen benennen wir Abstraktionen – Personen, Eigenschaften und Dinge einschließlich unserer selbst –, und an diesem Vorgang des Benennens zeigt sich die Fähigkeit des Gehirns, eine abstrakte Beziehung herzustellen, die es unabhängig von der augenblicklichen Wahrnehmung seiner Umwelt begreift. Selbst wenn wir keine Sprache hätten, könnten wir lernen, die

Straße bei Grün zu überqueren und bei Rot stehenzubleiben; aber ohne Sprache hatten wir keine Vorstellung davon, daß Rot und Grün Beispiele für eine Qualität sind, eine Abstraktion, die man »Farbe« nennen kann. Um den *Begriff* von Farbe zu verstehen, brauchen wir eine symbolische Darstellung, zum Beispiel ein Wort; ohne eine solche Darstellung haben wir keine Möglichkeit zu sagen, daß wir den Begriff »Farbe« kennen.

An dem Vorgang des Benennens zeigt sich also, daß wir eine bestimmte Beziehung – d.h. eine Abstraktion – verstehen, die existieren kann (auch im Sinne einer Vorstellung), die wir wahrnehmen können und die wir kennen können. Durch Gehirnschäden kann diese Wahrnehmung eingeschränkt sein; das Gehirn der Patientin von Gelb und Goldstein, die das Wort »rot« für falsch hielt, war in einer Weise geschädigt, die ihr das Verstehen der abstrakten Vorstellung von einer Gruppe unterschiedlicher Töne derselben Farbe unmöglich machte.

In ähnlicher Weise ist auch der Begriff des Ich in einem Namen eingeschlossen. Und so wie es Patienten gibt, die aufgrund einer neurologischen Störung keine Farbkategorien benennen können, so findet man auch Kranke, die ihr Gefühl verloren haben, eine Person zu sein. Ein solcher Patient kann nicht verstehen, daß seine verschiedenen Ichs alle eins sind; das kann daran liegen, daß einem »Ich« das Schmerzempfinden fehlt, das bei den anderen vorhanden ist. Wie ein »fremdes« Bein gehört auch das Ich ohne Schmerzempfindung scheinbar nicht zu einer Person, die in mancher Hinsicht sehr wohl Schmerz empfindet; deshalb muß das erste »Ich« einen anderen Namen bekommen. Der Besitz mehrerer Namen ist charakteristisch für Patienten mit der Krankheit der »multiplen Persönlichkeiten«.

Bei solchen Patienten scheint ein Ich mit einem oder mehreren anderen abzuwechseln, und darin zeigt sich das Fehlen eines einheitlichen Gefühls für eine einzige Person in einem einzigen Körper. Anscheinend setzen die verschiedenen Persönlichkeiten in einem solchen Menschen jeweils dann ein, wenn andere verschwinden; wenn Ansel zu Arthur wird, weiß er nichts mehr von Ansel und erinnert sich auch nicht an ihn, sondern er tut so, als wäre er immer Arthur gewesen: Alles, was mit Ansel geschehen ist, ist vergessen. Das gleiche gilt für Ansel, der nichts von Arthur weiß. Das eine körperliche Gehirn scheint verschiedene Persönlichkeiten hervorzubringen, also getrennte Erinnerungsschätze.

Fälle multipler Persönlichkeiten sind die besten Beispiele für das, was die klassischen Neurologen meinten, wenn sie von der Zugänglichkeit oder Unzugänglichkeit der Erinnerungsbilder sprachen; zu multiplen Persönlichkeiten kam es nach ihrer Ansicht durch die vorübergehende Unzugänglichkeit von Erinnerungen, die entscheidende Elemente für die Vereinheitlichung einer Persönlichkeit darstellten. Diese Ansicht drückte William James aus, als er schrieb:

> »Wechselnde Persönlichkeit beruht in den einfachsten Fällen auf Gedächtnisversagen. Jeder Mensch wird, wie wir sagen, *uneins* mit sich selbst, wenn er seine Pflichten, Versprechungen, Kenntnisse und Gewohnheiten vergißt; und es ist nur eine Frage des Ausmaßes, von welchem Punkt an man sagt, daß sich seine Persönlichkeit verändert hat. In den pathologischen Fällen, die als doppelte oder wechselnde Persönlichkeit bekannt sind, ist der Gedächtnisverlust plötzlich, und gewöhnlich geht ihm eine unterschiedlich lange Phase der Bewußtlosigkeit oder der tiefen Ohnmacht voraus.«[1]

Das aber sind voreilige Schlüsse. Was für James wie Gedächtnisversagen aussah, war in Wirklichkeit wahrscheinlich eine andere Art, wie das Gehirn das »Gedächtnis« als Reaktion auf Reize strukturierte. Wenn Arthur sich nicht daran erinnert, was Ansel getan hat, dann bedeutet das nicht, daß im Gehirn eine feste Aufzeichnung von Ansels Tätigkeiten gespeichert ist, die Arthur verloren hat und die wieder auftauchen wird, wenn er sich wieder in Ansel zurückverwandelt; genausowenig ist in meinem Gehirn ein Lexikon aller Worte gespeichert, die ich kenne und die nur darauf warten, daß ich sie benutze. Meine Sprache und mein Gefühl für mich selbst schaffe ich dynamischer, genau wie ich mich körperlich im Raum bewege. Mein Gefühl für die »Körperhaltung« ist nicht in meinem Gehirn gespeichert; vielmehr ist die Fähigkeit, aus einer Haltung heraus eine andere einzunehmen, die Fähigkeit zur Herstellung von Beziehungen. Und die Gefühle für Ich und Sprache sind Strukturen, die sich ständig weiterentwickeln, genau wie die Körperhaltung; was ich gerade gesagt habe, bestimmt teilweise auch das, was ich sagen werde. Genau wie aus einer Körperhaltung eine andere entsteht und wie aus einem Satz ein anderer hervorgeht, so läßt auch ein Ausdruck meiner Persönlichkeit einen anderen entstehen.

Gedächtnis umfaßt auch die angenommenen Gewohnheiten und Fähigkeiten zur Organisation der Körperhaltungen und Sätze – also zum Herstellen von Beziehungen. Es gibt also in »Arthurs« Gehirn keinen »Ansel«, der als solcher organisiert wäre, und umgekehrt. Das eine Gehirn organisiert sich selbst vielmehr so, als wäre es Ansel (und als hätte es nie einen Arthur gegeben), und dann geschieht das Umgekehrte, denn das derart geschädigte Gehirn organisiert unter bestimmten Umständen die Art neu, wie es auf Reize reagiert, und damit ändert sich das Wesen seiner Beziehung zur Welt.* Wenn das Gehirn eine solche offensichtlich tiefgrei-

---

* Es wurde viel über Patienten geschrieben, die anscheinend über »Wissen ohne Bewußtsein« verfügen. So sind beispielsweise Personen mit einer Krankheit namens Prosopagnosie nicht in der Lage, die vertrauten Gesichter ihrer Familienangehörigen oder Freunde und ähnlicher Personen zu erkennen. Bei manchen dieser Patienten findet man aber Veränderungen in der elektrischen Leitfähigkeit der Haut, wenn man ihnen Fotos von Angehörigen oder Freunden zeigt, die sie ansonsten nicht identifizieren können. Diese körperliche Reaktion gilt neurologisch als Beispiel für »Wissen ohne Bewußtsein«.[2] Das Gehirn ist in diesen Fällen aufgrund seines geschädigten Zustands auf die elektrische Reaktion auf die

fende Umordnung durchmachen kann, dann zeigt das, daß nicht manche Erinnerungen vergessen und andere plötzlich wieder hervorgeholt werden (denn auf welcher Grundlage sollte die geeignete Auswahl getroffen werden?); ganz im Gegenteil: Das Gehirn kann neue Beziehungen herstellen und die Sichtweise so verändern, daß sich das ganze Wesen dessen ändert, was wir »Gedächtnis« nennen – des Erinnerungsvorgangs. Diese Wahrheit gehört letztlich zur tagtäglichen Psychologie jedes normalen Menschen. Der »Freund« von gestern ist heute eine »anrüchige Person«.

Tatsächlich kann man in einem gewissen Sinn sogar sagen, daß ein Patient mit multipler Persönlichkeit zu wenige Ichs hat. Bei einem solchen Menschen »paßt« keine der Persönlichkeiten ganz zur dynamischen Erfahrung des täglichen Lebens. Die Krankheit schränkt die Reaktionen und damit das dynamische, sich ständig verändernde Wesen des Ich ein: Die eine Persönlichkeit erkennt Familienangehörige und Freunde; eine andere behandelt sie als Fremde und Feinde. Diese multiplen Persönlichkeiten können bemerkenswert stark den zuvor beschriebenen neurologischen Fällen ähneln.

Typisch ist der Fall von Mary Reynolds; er ist Gegenstand einer der ersten Untersuchungen über multiple Persönlichkeiten und wird von William James in seinem Werk *The Principles of Psychology*[3] ausführlich diskutiert. Mary Reynolds wurde in England geboren und zog noch im Kindesalter mit ihrer Familie in die relativ dünn besiedelte ländliche Gegend von Titusville im US-Bundesstaat Pennsylvania. Dort führte die »dumme und melancholische junge Frau« offensichtlich ein ereignisloses Leben, bis man sie im Alter von etwa 19 Jahren bewußtlos im Wald liegend auffand. Sie

---

Fotos beschränkt. Eigentlich ist das aber kein »Wissen«, obwohl ein gewisser körperlicher Bezug bestehenbleibt, und es liefert keinen Hinweis, daß sich im Gehirn des Patienten noch irgendeine andere Reaktion auf die Bilder abspielt. Wissen ist die Fähigkeit des Gehirns, sich zu bestimmten Zeiten in bestimmter Weise zu organisieren.

gelangte schließlich wieder zu Bewußtsein, aber sie blieb ungefähr sechs Wochen lang blind und taub. Drei Monate später fand man sie erneut in einem Zustand des Tiefschlafs, aus dem man sie nicht wecken konnte. Etwa 20 Stunden später erwachte sie wieder, aber nun war ihr Gedächtnis verschwunden. Sie war wie ein neugeborenes Kind: »An jeden Sinn und Zweck der Welt wurde sie zum erstenmal herangeführt. Alles, was ihr von früher geblieben war, war die Fähigkeit, ein paar Worte auszusprechen, und das scheint genauso instinktiv geschehen zu sein wie das Wimmern eines Säuglings... Ihre Augen öffneten sich zum erstenmal für die Welt. Altes war verschwunden; alle Dinge waren neu geworden.« Einige Wochen später hatte sie wieder sprechen, schreiben und lesen »gelernt«. Aber sie erkannte ihre Eltern, Geschwister und Freunde nicht, sondern behauptete, sie habe diese Personen nie zuvor gesehen, »sie nie gekannt – sie war sich nicht bewußt, daß es solche Personen gegeben hatte«. Sie traf zum erstenmal mit ihnen zusammen. »Für den Schauplatz, der sie umgab, war sie eine völlig Fremde.« Sie lernte nie mehr, ihre Beziehung zu ihren Angehörigen und Freunden zu akzeptieren.

Dennoch – und das ist am bedeutsamsten – beunruhigte sie ihr seltsamer Zustand kaum. Sie war eine junge Frau, die weder ihre Eltern noch ihre Herkunft kannte und nicht die geringste Vorstellung davon hatte, wie sie in einem fremden Haushalt gelandet war. Aber solche Fragen waren für sie nicht beunruhigend, denn in ihrer Geisteswelt – einer Welt ohne persönliche Geschichte, ohne Namen und ohne zeitliche Abfolge im Zusammenhang mit den Menschen, die sie kannte und täglich traf – hatten sie weder Bedeutung noch Sinn. »Sie betrachtete Menschen, die sie früher gekannt hatte, meist als Fremde oder Feinde, unter die sie durch bemerkenswerte und unerklärliche Umstände versetzt worden war, aber woher oder aus welchen Daseinszustand sie kam, war eine ungelöste Frage.«

Ihr früheres schweigsames und phantasiearmes Wesen war verschwunden:

> »Sie war nicht mehr melancholisch, sondern fröhlich bis zum Äußersten. Statt zurückhaltend zeigte sie sich schwungvoll und umgänglich. War sie vorher schweigsam und bescheiden gewesen, so war sie nun heiter und zu Scherzen aufgelegt. Während sie in diesem zweiten Zustand war, hatte sie liebend gerne Gesellschaft und war viel stärker verliebt in die Werke der Natur ... Sie ging gewöhnlich morgens fort, entweder zu Fuß oder zu Pferde, und streifte bis zum Abend auf dem Land herum; sie achtete auch keineswegs besonders darauf, ob sie sich auf einem Pfad oder in weglosem Waldgelände befand. Ihre Vorliebe für diese Lebensweise wurde vermutlich hervorgerufen durch die Beschränkungen, die ihr notwendigerweise von ihren Freunden auferlegt wurden und deretwegen sie diese als Feinde und nicht als Kameraden betrachtete, so daß sie ihnen am liebsten aus dem Weg ging.«

Mary Reynolds war furchtlos geworden, fast als ob sie die Schmerzempfindung verloren hätte. In ihrem »zweiten Zustand« hatte sie tatsächlich eine unverkennbare Ähnlichkeit mit Madame I., die kein Gefühl für Schmerz hatte und sagte, ihre Angehörigen erschienen ihr wie Phantome. Ähnlichkeiten gibt es auch mit Babinskis Patienten und mit Oliver Sacks, dem sein gefühlloses, gelähmtes Glied »fremd« oder »vorgetäuscht« erschien. Aber anders als diese Patienten klagte sie nicht, das, was sie sah und erkannte, sei falsch. Sacks empfand sein gefühlloses Bein als fremd, weil er es vom Standpunkt eines Ich aus betrachtete, das Schmerz kannte. Menschen oder Körperteile werden fremd, phantomartig oder vorgetäuscht, wenn man sie in einem gewissen Sinn erkennen kann, wobei sich aber ihre Beziehung zum Beobachter – dem Ich – so verändert hat, daß sie nicht mehr zu ihm »gehören«. Mary Reynolds hatte als »zweites Ich« keine Grundlage mehr, auf die sie die Person, die sie gewesen war, hätte beziehen können, und deshalb wurde alles, was sie erlebte, entsprechend der neuen Perspektive umgeformt. Gefühle von »fremd« und »vorgetäuscht« setzen ein einheitliches Ich voraus; aber Mary Reynolds hatte zwei getrennte Ichs. Ihr »zweites Ich«, das weder Angst noch ein Gefühl für persönliche Geschichte kannte, besaß eine Kenntnis und ein Verstehen der Welt, die sich völlig von allem Früheren unterschieden. So betrachtete sie zum Beispiel furchterregende Bären als harmlose Wildschweine:

»Sie kannte keine Furcht, und da Bären und Panther in den Wäldern zahlreich waren und es auch Klapperschlangen und Mokassinschlangen im Überfluß gab, erzählten ihr ihre Freunde, welcher Gefahr sie sich aussetzte, aber das hatte keine andere Wirkung, als daß sie in streitsüchtiges Lachen ausbrach; sie sagte: ›Ich weiß, ihr wollt mir nur Angst machen und mich zu Hause festhalten, aber das gelingt euch nicht, denn ich sehe eure Bären oft, und ich bin davon überzeugt, daß sie nichts anderes sind als Wildschweine.‹
Als sie eines Abends von ihrem täglichen Ausflug zurückkam, berichtete sie über folgenden Vorfall: ›Als ich heute einen schmalen Weg entlangritt, kam ein großes schwarzes Schwein aus dem Wald und hielt vor mir an. Ich habe noch nie ein so unverschämtes Wildschwein gesehen. Es stand auf seinen Hinterbeinen und grinste und fletschte die Zähne. Ich konnte das Pferd nicht zum Weitergehen bewegen. Ich sagte ihm, es sei verrückt, daß es vor einem Schwein Angst hatte, und wollte es daran vorbeitreiben, aber es wollte nicht weitergehen, sondern kehrtmachen. Ich sagte dem Schwein, es solle aus dem Weg gehen, aber es kümmerte sich nicht darum. Na gut, sagte ich, wer nicht hören will, muß fühlen; ich stieg also ab, nahm einen Stock und ging darauf zu. Als ich ganz nahe bei ihm war, ließ es sich auf alle Viere hinunter und ging langsam und mürrisch weg; alle paar Schritte hielt es an und sah sich grinsend und grunzend um. Dann stieg ich wieder auf mein Pferd und ritt weiter.‹«

Die furchtlose Mary Reynolds sah brummende Bären als grinsende Wildschweine. Genauso kann ich auch die Launen eines bedrohlichen Menschen verrückt und komisch finden; nur wenn ich mich vor der Person fürchte, wird ihre Kasperei bedrohlich. Was ich erkenne und erinnere und was mir sinnvoll erscheint, sind Beziehungen, die dann dazu beitragen, daß sich mein Ichgefühl bildet. Angst formt wie alle Gefühle das Ich und letztlich das Wesen der Erkenntnis. Kleine Veränderungen der Persönlichkeit, Abweichungen meiner Gefühlsreaktionen, verändern meine Beziehung zu meiner Umwelt.

Der Verlust des Selbstbezuges führte bei Madame I., Babinskis Patienten und Oliver Sacks zu einem Versagen des Gefühlsaufbaus und damit auch zum Zusammenbruch von Ich und Gedächtnis. Madame I. sah phantomartige Bilder ihrer Angehörigen; Sacks sah ein fremdes Glied, und Mary Reynolds sah »Fremde«. Die Veränderung des Ich, der abweichende Bezugspunkt, hat das Gedächtnis und damit auch die Erkenntnis neu strukturiert; eine Reaktion des Gehirns, die für das eine Ich »Bären« bedeutete, hatte für das andere den Inhalt »schwarze Schweine«. Erinnerung ist ein bewußtes Bild, das nach den Maßstäben des Ich strukturiert ist. Tatsächlich sind alle Formen der Wahrnehmung (Sehen, Tasten, Hören) Formen des Erinnerns, selbst dann, wenn man die betreffenden Menschen, Orte oder Dinge nie zuvor kennengelernt hat; die Art, wie wir dem, was wir sehen, tasten oder hören, einen Sinn geben und es verstehen, wird durch unsere angesammelten Erfahrungen bestimmt. In dem zeit- und furchtlosen Zustand ihres »zweiten Ich« nahm Mary Reynolds die Welt anders wahr; das ist ein Zeichen für eine ebenso starke Veränderung der Gehirnfunktion wie bei Madame I. oder Babinskis Patienten. Als sich ihre Gehirnfunktion änderte, verschob sich auch der Bezugspunkt und das Wesen des Ich, und das gleiche galt für Art und Struktur des Gedächtnisses. In ihrem »furchtlosen« Zustand hatte Mary Reynolds ein eingeschränktes Spektrum von Reaktionen; kehrte ihr Angstgefühl zurück, waren ihre Reaktionen ebenfalls eingeschränkt, und sie wurde meist melancholisch: Dann hatte sie »zu viel« Angst. Normalerweise sind die Reaktionen eines Menschen auf seine Umwelt vielfältiger und dynamischer; in diesem Sinne hat ein Gesunder viele »Persönlichkeiten«. Mary Reynolds besaß nur zwei davon: eine »furchtlose«, unbekümmerte und eine melancholische, depressive.

»So ging es fünf Wochen lang weiter; dann, eines Morgens nach langem Schlaf, erwachte sie und war wieder sie selbst. Sie erkannte die elterlichen, brüderlichen und schwesterlichen Bande, als ob nichts geschehen wäre... Die Natur bot einen anderen Anblick. Nichts war in ihrem Geist geblieben von den schwindelerregenden Szenen, die sie durchgemacht hatte. Ihr Herumstreifen in den Wäldern, ihre Streiche und ihr Humor, das alles war aus ihrem Gedächtnis verschwunden, und nicht ein Schatten davon war zurückgeblieben. Ihre Eltern sahen ihr Kind; ihre Geschwister sahen ihre Schwester. Sie hatte jetzt alles Wissen, das sie in ihrem ersten Zustand vor der Verwandlung besessen hatte... Selbstverständlich kehrte ihre natürliche Veranlagung zurück; ihre Melancholie wurde noch tiefer, als sie erfuhr, was geschehen war... Nachdem einige Wochen vergangen waren, fiel sie in tiefen Schlaf und erwachte in ihrem zweiten Zustand; sie nahm ihr neues Leben genau da wieder auf, wo sie es verlassen hatte.«

Mit der Veränderung ihres Ich veränderte sich auch ihr Wissen, die *Struktur* ihres Gedächtnisses – also das Wesen des Erinnerns. »Das einzige Wissen, das sie besaß, war das, was sie während der wenigen Wochen in der ersten Zeit des zweiten Bewußtseins erworben hatte. Von der Zeit dazwischen wußte sie nichts.« Es waren nicht die Erinnerungen, die bei ihr verloren, unterdrückt oder zurückgehalten waren. Das ganze Wesen ihrer Vergangenheit als furchtlose oder melancholische Person hatte sich verwandelt. Erzählte man ihr von dieser Vergangenheit aus der Sicht anderer Beobachter, so wurden keine »Erinnerungen« wachgerufen; sie »verstand« die neuen Informationen vielmehr so, wie sie nur das gegenwärtige (»zweite«) Ich sie verstehen konnte: »In diesem Zustand konnte sie die Tatsachen ihres Falls vollkommen verstehen, nicht aus der Erinnerung, sondern aufgrund der Information. Ihr geistiger Schwung war so groß, daß keine Depression hervorgerufen wurde. Im Gegenteil, es trug zu ihrer Heiterkeit bei und wurde wie alles andere zur Grundlage ihres Frohsinns.«

Wenn Mary Reynolds dasselbe Tier zu unterschiedlichen Zeitpunkten als »Wildschwein« oder als »Bär« bezeichnen konnte, dann ist das ein Hinweis, wie irreführend die Unterscheidung zwischen bewußten und unbewußten »Erinnerungen« ist. Bewußte Vorgänge sind dynamisch und selbstbezogen; sie sind durch Beziehungen geprägt und zeitlich niemals festgelegt. Es kann keine unbewußten »Spuren« dieser bewußten Zustände geben, denn sie benötigen eine dynamische Organisation, die angesichts der Komplexität der Vorgänge (das Augenblickliche, die Vergangenheit und der Selbstbezug) nicht reproduzierbar sind. Dagegen ist die Art, wie das Gehirn sich organisiert, durchaus mehr oder weniger reproduzierbar; und diese Organisationsvorgänge, nicht die Zugänglichkeit oder Unzugänglichkeit von Erinnerungen, sind bei bestimmten Krankheiten eingeschränkt. Wenn ein Patient beispielsweise ein Wort nicht aussprechen, aber durchaus schreiben kann, dann beweist das nicht, daß er eine geschriebene Form des Wortes »gespeichert« hat und daß diese Form intakt geblieben ist, während die andere, mündliche Form verlorengegangen ist. Die Unfähigkeit, eine Erinnerung abzurufen, ist eine Unfähigkeit des Gehirns zur Organisation. Andernfalls wäre die Bedeutung der Worte festgelegt, und Sprache wäre eine trockene Übung in bedeutungslosem Wiederholen, aber genau das ist Sprache nicht; sie ist im Gegenteil der höchste Ausdruck des Bewußtseins. Sprachstörungen muß man deshalb daraufhin studieren, was sie über die Dynamik des Bewußtseins aussagen. Die Untersuchung multipler Persönlichkeiten betont einen Teil dieser Dynamik, nämlich die Bedeutung des Ich. Mary Reynolds war in ihren melancholischen Zeiten lethargisch, aber in ihrem zweiten Zustand war sie voller Energie und ohne Angst (und vermutlich relativ schmerzunempfindlich). Die unterschiedlichen Körperbilder waren ein wesentlicher Bestandteil ihrer veränderten »Persönlichkeit« und ihres veränderten Gedächtnisses. Neurologisch äußern sich Veränderungen des Körperbildes als Verschiebungen des Ich, und diese Veränderungen erscheinen wenig plausibel, wenn man nicht den Zusammenbruch des Gedächtnisses in Betracht zieht. In Erörterungen über Fälle von mehrfachen Persönlichkeiten ist das Körperbild zwar gewöhnlich kein Gegenstand, aber bemerkenswerterweise enthalten die meisten Berichte über derartige Fälle – auch die hier beschriebenen – Einzelheiten über veränderte Körperfunktionen.

In manchen Fällen von mehrfacher Persönlichkeit, nämlich bei der sogenannten »Einbahn-Amnesie«, ist sich die eine Persönlichkeit der anderen völlig bewußt. Auch hier kann die eine Persönlichkeit »gehemmt«, ernst und oft depressiv sein, während die andere fröhlich und unbeschwert ist. Während die melancholische Persönlichkeit nichts von ihrem fröhlichen und leichten Zustand weiß, ist die letztere sich über die melancholischen Phasen im klaren.

Damit die Vergangenheit einer anderen Persönlichkeit zugeschrieben wird, müssen sich Körperbild und Bezugspunkt außergewöhnlich stark umwandeln. Im Jahr 1905 veröffentlichte Morton Prince eine Untersuchung über Miss Beauchamp, die

> »ständige Kopfschmerzen hatte und an Schlaflosigkeit, körperlichen Schmerzen, dauernder Müdigkeit und Unterernährung litt. Durch diese Beschwerden war sie unfähig zu jeglicher körperlichen oder geistigen Arbeit und sogar zu dem Maß an Anstrengung, das die einfachen Regeln der Hygiene erfordern; aber trotz dieser Unfähigkeit konnte sie nichts von der sorgfältigen und sogar übertriebenen Untersuchung abbringen, an der festzuhalten sie für ihre Pflicht hielt.«[4]

Prince nannte Miss Beauchamp »die Heilige«: »Der Inhalt von Miss Beauchamps Ichvorstellung leitete sich von einem Ideal der Perfektion ab, das durch religiöse Unterweisung angeregt wurde und sich in der Madonna verkörpert ... Ihr Ichbegriff schließt den Begriff von ihrer Beziehung zum Göttlichen ein.«[5] Im Gegensatz dazu zeigte sich aber Sally, eine zweite Persönlichkeit, die voller Energie steckte, keine Angst hatte und nie schlief (sie kannte die Träume von Miss Beauchamp). Prince schrieb:

»Soweit ich sehen konnte, wurde Sally von keiner Ursache beeinflußt [die normalerweise Angst auslöst], weder von Gewittern oder Dunkelheit noch von den gesellschaftlichen Folgen ihres Betragens, weder von Krankheiten noch von unbelebten oder belebten Gegenständen wie Feuer, Schlangen, Spinnen usw... Ich habe sie auch in höchst gefährlichen Situationen erlebt, wenn sie zum Beispiel an der Dachrinne entlangkletterte und aus dem Fenster im fünften Stock springen wollte, aber offensichtlich hatte sie nie die geringste Angst.«[6]

Sally war »völlig betäubt«; sie hatte keine Schmerzempfindung: »Mit geschlossenen Augen kann sie nichts fühlen. Davon sind Tast-, Schmerz-, Wärme- und Muskelempfindung betroffen. Man kann jeden Bereich ihrer Haut schlagen, stechen oder versengen, ohne daß sie es spürt. Man kann ein Glied in eine beliebige Haltung bringen, und sie kann nicht erkennen, welche Position es eingenommen hat.« Wenn sie aber sah oder hörte, konnte sie auch »fühlen«:

»Aber laß sie ihre Augen öffnen und sehen, was du tust, laß ihren Sehsinn zum Tastsinn und den anderen Sinnen hinzukommen, und sofort kehren die verlorenen Empfindungen zurück... Das gleiche gilt für akustische Wahrnehmungen. Wenn Sally einen Klang im Zusammenhang mit einem Gegenstand hört, kann sie den Gegenstand fühlen. Gib ihr zum Beispiel einen Schlüsselbund in die Hand, und sie weiß nicht, was sie festhält. Laß die Schlüssel klappern, und auf einmal kann sie sie fühlen.«

Aber diese Erkenntnisse sind die einer Außenstehenden. Sie beobachtete eine andere Persönlichkeit (Miss Beauchamp), ganz ähnlich wie Babinskis Patienten und Sacks, die ihre fremden oder vorgetäuschten Gliedmaßen beobachteten. Sie schien von ihrem Körperbild abgeschnitten zu sein:

»Sallys Betäubung erstreckt sich auch auf die körperlichen Gefühle. Sie hat nie Hunger oder Durst. Wenn sie ißt, dann nur der Form halber oder weil die Gesellschaft es verlangt. Auch körperliche Beschwerden fehlen völlig. Diese Unempfindlichkeit erklärt wahrscheinlich zu einem großen Teil, warum Sally *frei von schlechter Gesundheit* ist. Sie weiß nicht, was Müdigkeit, Schmerz oder Krankheit bedeuten. Es geht ihr immer gut... Miss Beauchamp leidet vielleicht an Bauchweh, Kopfschmerzen oder körperlicher Erschöpfung, aber sie muß sich nur in Sally verwandeln, und schon sind alle diese Symptome verschwunden. Die Krankheitserscheinungen der anderen Persönlichkeiten kennt Sally nur aufgrund ihrer Gedanken oder ihrer Handlungen. Sie selbst fühlt die Symptome nicht... Sally kann meilenweit gehen, ohne sich der physiologischen Wirkung bewußt zu sein. Seltsamerweise kann aber Miss Beauchamp später unter den Ermüdungserscheinungen leiden, die durch Sallys Übungen entstehen.«[7]

Mit dem Körperbild verlor Sally auch das Zeitgefühl. Prince schreibt:

»Am seltsamsten ist Sallys *völlige Gleichgültigkeit gegenüber der Zeit*. Sie kann nicht mit Zeit rechnen. Ein Tag, eine Woche, ein Monat, das ist für sie fast das gleiche. Die Dinge ereigneten sich nach ihrem Kalender ›vor kurzem‹ oder ›vor langer Zeit‹. Aber selbst diese Ausdrücke bezeichnen für sie nicht die gleichen Vorstellungen wir für uns andere. Ein Jahr ist dasselbe wie zehn Jahre, zehn Sekunden gleichen zehn Minuten. Wenn man sie bittet, eine Minute abzuschätzen, dann kann sie genausogut nach zehn Sekunden oder nach fünf Minuten sagen, die Zeit sei um.«

Sallys Ichbegriff war das abstrakte Ich des »Langzeitgedächtnisses«, und wie bei Henri Baud ist die Struktur ihres Gedächtnisses, d.h. seine subjektive Qualität, anders zu begreifen: »Es schien, als könne die Zeit durch die Erinnerung an die Abfolge der Ereignisse nicht vollständig gemessen werden, denn Sally hat Erlebnisse wie jeder andere. Sie kennt ihr eigenes Alter nicht.«[8] (Freuds Beschreibung des Unbewußten ist diesem Langzeitgedächtnis, wie ich es geschildert habe, nicht unähnlich: »Die Vorgänge des Systems *Ubw.* sind *zeitlos*, d.h., sie sind nicht zeitlich geordnet, werden durch die verlaufende Zeit nicht abgeändert, haben überhaupt keine Beziehung zur Zeit. Auch die Zeitbeziehung ist an die Arbeit des *Bw.*-Systems geknüpft.«[9])

Sally war durch ihren betäubten Körper des Bezugsrahmens beraubt und hatte deshalb kein Zeitgefühl. Bei John

Hull hatte die Blindheit, wie bereits erwähnt, eine ähnliche Wirkung: Sie schränkte sein Zeiterleben ebenfalls erheblich ein. Zeit ist bezogen auf etwas, und ohne Körperbild wird die zeitliche Beziehung zur Welt zwangsläufig zerstört. Deshalb ist das Ich, auf das sich erinnerte Ereignisse beziehen, abstrakt; man weiß beispielsweise, daß das Ich Schmerz oder Freude empfunden hat, aber man kann diesen Schmerz oder diese Freude nicht mehr wirklich fühlen, außer auf abstrakte Weise. Miss Beauchamp konnte Schmerz und Freude empfinden, weil sie ein Ich war, das im Kontakt, also in unmittelbarer Beziehung, zur augenblicklichen Welt stand.

Mary Reynolds war als mürrische Persönlichkeit unfähig, sich an ihre Umwelt anzupassen; als »furchtlose« Persönlichkeit konnte sie aktiv Anteil nehmen, und dann wußte sie nichts von ihrem mürrischen Zustand. Miss Beauchamp erging es nicht besser als der melancholischen Mary Reynolds; Sally dagegen war wie die furchtlose Mary Reynolds, aber sie wußte alles über Miss Beauchamp, denn obwohl sie betäubt und unempfindlich war, beobachtete sie ihr anderes Ich.

Die unmittelbare Ursache ist im Falle der fremden Gliedmaßen eine körperliche Verletzung; die multiplen Persönlichkeiten sind auf ein psychisches Trauma zurückzuführen. Solange man sich des großen Schmerzes einer körperlichen Verletzung bewußt ist, nimmt er einen völlig in Anspruch; der Selbstbezug wird davon aufgezehrt. Auf eine solche Krise reagiert das Gehirn in bestimmten Fällen, indem es den Schmerz und den mit ihm verbundenen Selbstbezug des betroffenen Gliedes blockiert. Ganz ähnlich kann auch ein psychisches Trauma zunächst viele Teile des Selbstbezuges (Aspekte des Ich) absorbieren; später blockiert das Gehirn dann ebenfalls den Schmerz und die Selbstbezugsmechanismen. Dann ist ein Teil des Ich verschwunden, genau wie bei den körperlich verletzten Patienten mit den verletzten Gliedmaßen ein Körperteil nicht mehr existiert. Der Selbstbezug und die aus ihm folgende Anpassungsfähigkeit sind verlorengegangen; der Schmerz hat einen Teil des Ich in sich eingeschlossen.

Starker Schmerz spaltet also das Ich, denn wenn das Gehirn ihn blockiert, absorbiert es einen Teil des Selbstbezuges. Was man bei einer »unterdrückten« Persönlichkeit als »Hemmung« bezeichnen kann, ist ein Verlust von Teilen der Persönlichkeit, d.h. des Selbstbezuges. Der neurologische Mechanismus dieses Verlustes besteht nicht darin, daß die traumatische Erinnerung ins Unbewußte gedrängt wird, sondern in einer Neuorganisation der Wege, auf denen das Gehirn auf Reize reagiert. Der Patient von Gelb und Goldstein konnte die Farbe eines roten Gegenstandes nicht nennen, und zwar nicht, weil das Wort »rot« oder der Begriff des Roten unterdrückt gewesen wären, sondern weil sein Gehirn die Strukturen nicht mehr herstellen konnte, aus denen sich die Bedeutung des Wortes ableitet. Sacks' Bein war ebenfalls nicht unterdrückt; sein Gehirn konnte vielmehr kein Körperbild mehr herstellen, das es einschloß. Worte wie »Hemmung« oder »Unterdrückung« beruhen auf einer statischen Vorstellung von Gedächtnis und Gehirnfunktion, bei der die dynamische Anpassungsfähigkeit des Gehirns – für die die menschliche Psychologie schließlich das beste Beispiel ist – durch Postulierung getrennter dynamischer Mechanismen erklärt wird. Aber *jede* Gehirnfunktion ist dynamisch; das Bewußtsein ist selbst eine dynamische Struktur. Man sollte »Hemmungen« und »Unterdrückung« als Veränderungen in der dynamischen Struktur des Bewußtseins ansehen und nicht als getrennte Mechanismen, die angesichts gefährlicher oder traumatischer Umstände plötzlich auftauchen.

Wir verstehen die Gegenwart durch die Vergangenheit, und dieses Verstehen revidiert, verändert und erneuert in einem ständig weiterlaufenden, dynamischen Prozeß das ganze Wesen der Vergangenheit. Psychische oder körperliche Verletzungen scheinen Erinnerungen »festzuhalten«, die vielleicht erst nach Jahren »freigesetzt« werden. Das heißt, das Gehirn isoliert schmerzliche Erfahrungen und beseitigt sie aus dem dynamischen Prozeß des Verstehens. Was festgehalten wird, ist keine »Erinnerung«, sondern eine Fähigkeit zum Organisieren; und anormal ist dabei, daß dadurch die Kontinuität unterbrochen wird, jene dynamische Beziehung zur weiterlaufenden Erfahrung. Die Vorgänge, die traumatische Erinnerungen entstehen lassen, werden einerseits nicht weiter neu strukturiert, und da sie nicht für das eine oder andere Erlebnis (die eine oder andere »Erinnerung«) spezifisch sind, macht das Gehirn eine neue, allgemeinere Umstrukturierung seiner Reaktionen auf Reize durch. Das Gehirn kann den mit einer bestimmten Erfahrung verbundenen Schmerz nicht ausgrenzen, ohne dabei auch seine Reaktionen auf andere Reize zu verändern; wenn ein Bein fremd wird, weil das Gehirn den riesigen, von dem verletzten Glied ausgehenden Schmerz blockiert, verschwindet auch der Raum, obwohl er nichts mit dem Schmerz zu tun hat. (Der Schmerz wird blockiert, indem die Mechanismen des Selbstbezugs ausgeschaltet werden, und das wiederum zerstört die Wahrnehmung des zugehörigen Raums.) Normalerweise entwickeln sich die Organisationsfähigkeiten des Gehirns kontinuierlich weiter; Strukturmuster, die als Folge einer Verletzung entstehen, werden dagegen isoliert. Wir nehmen Gewohnheiten und Verhaltensmuster an, die wir an neue Gegebenheiten anpassen müssen. Aber Gewohnheiten, die mit Verletzungen im Zusammenhang stehen, können nicht in geeigneter Weise neu organisiert werden, sondern das Gehirn isoliert sie: »Neurotisches« Verhalten oder »multiple Persönlichkeiten« sind vermutlich eine Folge dieser fehlerhaften Neuorganisation.

Das Trauma einer Verletzung, die zum Erblinden führt, kann beispielsweise eine visuelle Bildwelt »festschreiben«, denn das Gehirn kann sich nun nicht mehr aufgrund der andauernden visuellen Erlebnisse neu organisieren. Was in solchen Fällen wirklich fixiert wird, so daß es sich nicht mehr weiterentwickeln kann, sind die Organisationsmuster des Gehirns, die visuelle Erlebnisse entstehen lassen. Visuelle Erinnerungen erscheinen dann ausgegrenzt, denn sie sind kein Teil des täglichen Erlebens mehr, und deshalb können sie durch neue Erfahrungen nicht mehr in eine nichtvisuelle Form umgewandelt werden. Wie psychisch traumatische Erinnerungen bleiben auch visuelle Bilder von Menschen, mit denen der Betroffene nach seiner Erblindung keinen Kontakt mehr hat, »visuell«; kein neues Organisationsmuster läßt sie verblassen. Die Bilder von Menschen, mit denen der Blinde in ständigem Kontakt steht, werden dagegen durch die neuen, nichtvisuellen Erlebnisse umgeformt und gehen in eine neue Form über. Hull bemerkt beispielsweise:

»Es ist jetzt drei Jahre her, seit ich jemanden gesehen habe. Seltsamerweise habe ich ein recht klares Bild von vielen Leuten, die ich in diesen drei Jahren nie getroffen habe, aber die Bilder von den Menschen, mit denen ich jeden Tag zusammengekommen bin, werden langsam verschwommen... Bei den Leuten, mit denen ich jeden Tag Kontakt hatte, hat sich meine Beziehung nach der Erblindung fortgesetzt, und deshalb sind meine Gedanken an diese Menschen voll von den letzten Entwicklungen unserer Beziehungen. Diese Gedanken haben zum Teil das Porträt überdeckt, das weniger wichtig geworden ist. [Die visuellen Bilder wurden wie Denkgewohnheiten durch andauernden Kontakt umgeformt.] Bei jemandem, den ich ganz gut kannte, den ich aber seit mehreren Jahren nicht gesehen habe, ist nichts geschehen, was die Stelle des Porträts einnehmen könnte, und wenn ich an solche Leute denke, dann ist dieses Porträt das, was mir einfällt.«[10]

Die Bilder der Menschen, mit denen der Blinde nicht zusammengetroffen ist, werden von Vorgängen neu aufgebaut, die sich im Laufe der Zeit kaum ändern. Er konstruiert im Geist alte Fotos: »Wenn ich versuche, die Erinnerung an ein geliebtes Gesicht heraufzubeschwören, kann ich es anscheinend nicht festhalten, aber die geraden Ränder des Fotos scheinen die beweglichen Konturen in meinem Gehirn festzuhalten, und dann kann ich mir vorstellen, daß ich ein altes Foto anstarre.« Erlebt der Blinde aber ständig neue Begegnungen mit der jeweiligen Person, dann helfen alte Fotos nicht. Sogar das eigene Gefühl für das Ich verliert seine visuelle Bedeutung. »Ich merke, daß ich versuche, mich an alte Fotos von mir selbst zu erinnern, einfach um mir vorzustellen, wie ich aussehe. Mit Schrecken entdecke ich, daß ich mich nicht erinnern kann.« Hulls neue Erfahrungen beziehen sich nun auf sein nichtvisuelles Körperbild, und deshalb muß sein Gesicht zwangsläufig »verschwinden«. »Andere Menschen sind zu körperlosen Stimmen geworden, die aus dem Nirgendwo sprechen und ins Nirgendwo gehen. Bin ich nicht auch so, jetzt, da ich meinen Körper verloren habe?«

Die neurophysiologischen Vorgänge, die früher visuelle Bilder erzeugten, haben sich weiterentwickelt, und dabei wurden sie von nichtvisuellen Prozessen in einer nichtvisuellen Wahrnehmungswelt umgeformt: »Wir lernen nicht ... von unserem eigenen Bild und nicht aus unseren Erinnerungen«, stellt Hull spöttisch fest, »sondern nur aus unseren Wahrnehmungen.« Weiter sagt er:

> »Irgendwie scheint es nicht mehr wichtig zu sein, wie Menschen oder Städte aussehen. Man kann die Genauigkeit solcher Beschreibungen nicht mehr aus erster Hand überprüfen, sie verlieren die persönliche Bedeutung und werden an den Rand des Bewußtseins gedrängt. Sie werden für die eigene Lebensführung bedeutungslos. Man fängt an, durch andere Interessen und Werte zu leben. Man fängt an, sich in einer anderen Welt zu Hause zu fühlen.«[11]*

---

* Besonders deutlich wird der Zusammenbruch alter Organisationsmuster an Hulls Unfähigkeit, sich zu erinnern, in welche Richtung die arabische Ziffer 3 zeigt. »Ich mußte sie mit dem Finger in der Luft nachzeichnen, eins, zwei, drei.« Nachdem die nichtvisuellen Verfahren ihm die Form der 3 gezeigt hatten, fiel ihm auf, daß er sich nicht mehr erinnern konnte, ob man das englische Wort »border«, das die Kante eines Tischtuchs oder eines Tischs (englisch »board«) bezeichnet, »border« oder »boar-

Darüber hinaus ändert sich in der Welt des Blinden auch das persönliche, subjektive Empfinden für die starken Triebe und Begierden, zum Beispiel Hunger, sexuelles Verlangen oder Durst. Denn wenn man blind ist, empfindet man Wünsche, die normalerweise ein Bild des begehrten Gegenstandes hervorbringen, wie losgelöst von den zugehörigen Bildern. Hunger und Sexualtrieb werden abstrakter, weniger unmittelbar.

> »Ich bin vom Essen oft gelangweilt, ich fühle, daß ich das Interesse daran verliere und mich damit nicht abgeben kann. Gleichzeitig spüre ich das normale Bohren des Hungers. Aber selbst wenn ich hungrig bin, ist es für mich kein Antrieb, wenn Nahrung in der Nähe ist. Ich weiß, daß sie da ist, weil es mir jemand sagt ... ›Aber was ist es?‹ fragte ich. ›Es ist Kalbskotelett.‹ Jetzt weiß ich es. Aber was weiß ich? Ich habe diesen Satz, und ich glaube ihn, aber die optischen Hinweise, die das eigentliche Begehren auslösen und nach außen auf die Sache richten, fehlen.«[13]

Genauso läßt auch sexuelles Verlangen nach Hulls Bericht das Bild des begehrten Menschen nicht mehr entstehen: »Die Trennung des Verlangens vom Bild ist eine sehr seltsame und beunruhigende Angelegenheit.« Aber ist es wirklich Trennung oder liegt es einfach daran, daß das Gehirn die visuellen Bilder nicht mehr erzeugen kann?

In ähnlicher Weise führt auch die Verletzung eines hirngeschädigten Patienten dazu, daß das Gedächtnis zu wenige »Ichs«, zu wenige Persönlichkeiten umfaßt. Die Organisationsfähigkeiten des Gehirns sind begrenzt, so daß Anpassung schwieriger wird. In den Fällen von multipler Persönlichkeit gleitet der Betroffene von einer Persönlichkeit in die andere, als würde er unter einer begrenzten Zahl von Mög-

---

der« buchstabiert. Nach seiner eigenen Ansicht war er verwirrt, weil ein Tisch (»board«) eine Kante (»border«) hat. »Das zeigt, wie stark die Fähigkeit zum Buchstabieren auf visuellen Bildern beruht.«[12] Das gilt sogar für die ständigen visuellen Erlebnisse ganz allgemein. Hulls Gehirn hatte sich neu organisiert und dabei neuartige Erfahrungen hervorgebracht.

lichkeiten nach einer »passenden« suchen, wobei aber keine einzelne Persönlichkeit gut genug ist. Der Patient wechselt die Persönlichkeiten ganz ähnlich, wie Aphasiekranke mit Gedächtnisverlust plötzlich auf den Namen eines Gegenstandes »stoßen«. »Nur einer der Namen, die man dem Patienten für den Gegenstand anbietet, bezieht sich nämlich auf konkrete Erfahrungen, die von diesem Gegenstand angeregt oder freigesetzt werden.«[14] Was wie verschiedene Persönlichkeiten aussieht, sind abrupte Veränderungen des Bezugsrahmens (d.h. des Körperbildes) und folglich auch des »Gedächtnisses« und Bewußtseins im allgemeinen. Bestimmte Organisationsmuster erzeugen starke Schmerzen. Wenn das Gehirn den Schmerz blockiert, werden seine Reaktionen tiefgreifend neu organisiert; ein betäubtes Körperbild verändert das Wesen von Erkennen und Erinnern. Der Patient scheint eine veränderte Persönlichkeit zu haben, denn die normalen kleinen Veränderungen und das Fließen eines einheitlichen, dynamischen Ich sind verlorengegangen. Natürlich können wir alle in Augenblicken von Angst, Verletzung oder Freude in einer Persönlichkeit »steckenbleiben«, vielleicht ohne wahrzunehmen, daß unsere Reaktionen unter den gegebenen Umständen nicht angebracht sind. Dieser normale Zusammenbruch der Persönlichkeit hat die gleichen emotionalen, selbstbezogenen Wurzeln wie die multiplen Persönlichkeiten oder das Phänomen des »fremden« Arms oder Beins.

Das Gedächtnisversagen ist ein Versagen der Bewußtseinsstruktur, eine Unfähigkeit, Sprach- oder Verhaltensreaktionen hervorzubringen, die in einem bestimmten Augenblick angebracht sind. Die Unfähigkeit, die in den Fällen von multipler Persönlichkeit den Übergang von einem Strukturgerüst zum anderen verhindert (zum Beispiel, wie Gelb und Goldstein es nennen, von der »konkreten« zur »kategorischen« Einstellung), spaltet und trennt das Ich.

Selbstbezug bedeutet letztlich, daß ein Gehirn in der Lage sein muß, sich selbst zu einer dynamischen Körperstruktur in Beziehung zu setzen, und zwar im Hinblick darauf, welche Reize eine Bedeutung erlangen. Ist diese Struktur beschädigt, dann betrifft der Schaden auch das Gefühl des Ich für die Gehirnfunktionen, sein Gedächtnis und sein Bewußtsein. Man kann sich vorstellen, die Gehirnfunktionen in einem Computer nachzuvollziehen; unbeantwortet bleibt aber die Frage, ob sich ein so dynamischer »Computerkörper« konstruieren läßt, daß sich der Rechner darauf beziehen kann, so daß Bedeutung und Verständnis entstehen. Die außergewöhnliche Anpassungsfähigkeit der Lebewesen geht zum Teil auf die Komplexität ihrer Körper zurück, auf die sich das Gehirn beziehen und so ein Verständnis der Welt herstellen kann. Wenn man ein Gehirn isoliert, dann kann man seine Funktion auch mit noch so hochentwickelter Technik nicht verstehen, denn ein Gehirn arbeitet nicht unabhängig von dem Körper, in dem es sich befindet. Ein Gehirn in einem Laborgefäß ist überhaupt kein Gehirn mehr; man kann daran zwar einige begrenzte Erkenntnisse gewinnen, aber man muß die Grenzen solcher Befunde erkennen.

Die Neurologen haben bei ihren Versuchen, die Gehirnfunktion aus klinischen Berichten über hirngeschädigte Patienten zu erschließen, zu oft die Tatsache übersehen, daß die sprachlichen Äußerungen solcher Patienten *bewußte* Äußerungen sind. Wir alle benutzen Worte, um Bedeutung zu übermitteln und unser Verständnis der uns umgebenden Welt darzustellen. Wenn ein Patient die Sprache anders verwendet, als es normal ist, dann ist dieser Verlust des Verstehens auf eine veränderte Wahrnehmung zurückzuführen. Der Patient mußte sich neu einstellen; seine begrenzte Wahrnehmung führt nicht zum »Verlust« von Worten, sondern zu einer Unfähigkeit, ihnen einen bestimmten Sinn zuzuordnen und sie entsprechend zu benutzen. Bewußtsein ist dynamisch, und Gedächtnis ist ein Teil dieser Bewußtseinsdynamik.

Die klinischen Befunde müssen neu bewertet werden, wie ich es versucht habe. Wenn man sich nämlich auf die Vorstellung versteift, daß bei Gehirnschäden einzelne Funktionen verlorengehen oder geschädigt werden, bleiben wichtige und heikle Symptome unerklärlich. Aber diese Symptome sind Teil der *bewußten* Zustände des Patienten, und sie weisen auf einen viel weiter gefaßten Zusammenbruch von Funktionen hin, als es nach der Vorstellung getrennter Funktionen möglich wäre. Der zentrale Gegenstand ist das Bewußtsein. Wenn wir nicht irgendeine Vorstellung davon haben, worum es sich dabei handelt, können wir kaum behaupten, wir hätten die Gehirnfunktion im allgemeinen verstanden.

Im Jahr 1926 schrieb Henry Head genau das: »Ich kann ... die Haltung derer nicht akzeptieren, die die Existenz des Bewußtseins leugnen oder behaupten, es führe zu keinem Unterschied für das, was durch die Reaktionen eines Organismus letztlich entsteht.« Wenn das Bewußtsein und damit auch die Ichvorstellung durch einen Gehirnschaden verändert ist, muß das Gehirn, um anpassungsfähig zu bleiben, die gesamte Beziehung des Betroffenen zu seiner Umwelt neu organisieren. »Wenn eine Handlung oder ein Vorgang als Folge eines organischen oder funktionalen Schadens gestört ist«, schreibt Head, »dann ist die anormale Reaktion eine neue Vereinheitlichung, zu der alle verfügbaren Teile des Zentralnervensystems beigetragen haben. Sie ist eine Gesamtreaktion auf die neue Situation. Welche Form diese Äußerungen annehmen werden, läßt sich durch Überlegung nicht im voraus ermitteln.«[15] Bewußtsein, d.h. die dynamische Vereinheitlichung von Vergangenheit, Gegenwart und Ich, ist der höchste Ausdruck unserer Individualität. Wenn wir mehr darüber wissen, wie es strukturiert ist, wird daraus eine neue, weiter gefaßte Sichtweise für Gehirnfunktion und menschliche Psychologie entstehen.

ANMERKUNGEN

I BEWUSSTSEIN

1 Zitiert in *The Oxford Companion to the Mind,* hg. v. R. L. Gregory (Oxford 1987). S. 94. Siehe auch Diderot, *Lettre sur les aveugles;* dort werden die Arbeiten von Molnyeux und Cheselden ausführlich diskutiert.
2 Zitiert in *Oxford Companion,* S. 94f.
3 B. Bridgeman, »Intention Itself Will Disappear When Its Mechanisms Are Known«, *Behavioral and Brain Sciences* 13 (4. Dez. 1990), 598.
4 Siehe R. G. Mazzolini, »Schemes and Models of the Thinking Machine (1662–1762)«, in *The Enchanted Loom: Chapters in the History of Neuroscience,* hg. v. P. Corsi (New York 1991), S. 68–83.
5 Francis Schiller, »Franz Gall (1758–1828)«, in Webb Haymaker und Francis Schiller, *The Founders of Neurology* (Springfield, Ill. 1970), S. 33.
6 Gall, zit. in ibid., S. 240, 238, 241.
7 Aus Bernard Hollander, *In Search of the Soul* (London 1920), S. 288f.
8 Der wichtigste Verfechter von Wernickes Ansichten in jüngerer Zeit ist Norman Geschwind. Siehe »Carl Wernicke, The Breslau School and the History of Aphasia«, in seinen *Selected Papers on Language and the Brain* (Boston 1974), S. 42–72. Siehe auch seine berühmte Abhandlung über das Syndrom der Unverbundenheit in demselben Werk, S. 105f., und meine Erörterung über diese und ähnliche Arbeiten in *The Invention of Memory* (New York 1989), S. 30–56. Siehe auch Anne Harrington, »Beyond Phrenology: Localization Theory in the Modern Era«, in *The Enchanted Loom,* S. 207–215.
9 Kurt Goldstein, *Aftereffects of Brain Injuries in War: Their Evaluation and Treatment* (New York 1942), S. 71. Eine bekannte, aber ziemlich irreführende Kritik über Goldstein findet sich bei Norman Geschwind, »The Paradoxical Position of Kurt Goldstein in the History of Aphasia«, in *Selected Papers,* S. 62–72. Geschwind

setzt sich nicht mit Goldsteins philosophischen und psychologischen Ansichten auseinander, die ich in den folgenden Kapiteln erörtere.

10 Siehe Lina Bolzoni, »The Play of Images: The Art of Memory from Its Origins to the Seventeenth Century«, in *The Enchanted Loom*, S. 16–26.

11 Alexandr Luria, *The Mind of a Mnemonist* (London 1975), S. 30, 35.

12 Gilles de la Tourette, »Étude sur une affection nerveuse charactérisée par de l'incoordination motrice accompagnée d'echolalie et de coprolalie«, *Archive Neurologique* 9 (1885), 174ff.

13 ibd., S. 42.

14 ibd., S. 179f.

15 Luria, *Mnemonist*, S. 115.

16 ibd., S. 114.

17 Zitiert in Oliver Sacks, *The Man Who Mistook His Wife for a Hat* (New York 1985), S. 96; dt.: *Der Mann, der seine Frau mit einem Hut verwechselte* (Hamburg 1990).

II DAS VORGETÄUSCHTE BEIN

1 Zitiert in Bernard Hollander, *In Search of the Soul* (London 1920), S. 158f.

2 Alle folgenden Zitate über diesen Fall stammen aus G. Deny und P. Camus, »Sur une forme d'hypochondrie aberrante due à la perte de la conscience du corps«, *Revue Neurologique* 9 (15. Mai 1905), 32ff.

3 Pierre Bonnier, *Vertiges* (Paris 1893). Siehe auch Bonniers »L'aschématie«, *Revue Neurologique*, 1905, 54ff.

4 Henry Head, *Studies in Neurology*, Bd. II (London 1920), S. 605.

5 ibd., S. 605f.

6 ibd., S. 754.

7 Paul Schilder, *The Image and Appearance of the Human Body* (London 1935), S. 287.

8 M. J. Babinski, »Contribution à l'étude des troubles mentaux dans l'hemiphlegie organique cérébrale (anosognosie)«, *Société de Neurologie*, 1. Juni 1914, 112–115.

9 Oliver Sacks, *A Leg to Stand On* (New York 1984), S. 125, 67, 85f.; dt.: *Der Tag, an dem mein Bein fortging* (Hamburg 1991).

10 Zitiert von Babinski selbst in »Contribution«, 112–115.

11 T. Shallice, *From Neuropsychology to Mental Structure* (Cambrigde, England 1988), S. 327.

12 Sacks, op. cit., S. 152f.
13 Siehe J. Lapresle und J. M. Verret, »Syndrome d'Anton-Babinsky avec reconnaissance du membre supérieur gauche lors de sa vision dans le miroir«, *Revue Neurologique* 134 (11) 1978, 709–713.
14 Siehe R. Garcin und Hadji-Dino Varay, »Documents pour servir à l'étude des trouble du schema corporel«, *Revue Neurologique* 69 (1938), 498ff.
15 P. J. Kellman und E. S. Spelke, »Perception of Partly Occluded Objects in Infancy«, *Cognitive Psychology* 15 (1983), 521.
16 Shallice, *Neuropsychology*, S. 400.
17 Siehe E. Bisiach und C. Luzzatti, »Unilateral Neglect of Representational Space«, *Cortex* 14 (1978), 129–133.
18 J. M. Hull, *Touching the Rock: An Experience of Blindness* (London 1990), S. 48.
19 ibd., S. 52.
20 ibd., S. 104.

III IN EINER WELT OHNE ZEIT

1 Korsakows Originalarbeiten erschienen 1887 und 1890. *Arkh. Psikiat. Nevrol.* 1887, vol. 9, Nr. 2, 16–38; Nr. 3, 1–14. *Arch. psyciat.* (Berlin) 21 (1890), 669–704. Die Arbeiten sind teilweise übersetzt in Gantt und Muncie, *Bull. Johns Hopkins Hospital* 70 (1942), 467–487.
2 Oliver Sacks, *The Man Who Mistook His Wife for a Hat* (New York 1985), S. 28.
3 W. B. Scoville und Brenda Milner, »Loss of Recent Memory After Bilateral Hippocampal Lesions«, *Journal of Neurology, Neurosurgery and Psychiatry* 20 (1957), 11–21.
4 Siehe E. Tulving, »Episodic and Semantic Memory«, in *Organization of Memory*, hg. v. E. Tulving und W. Donaldson (New York 1972). Siehe auch T. Shallice, *From Neuropsychology to Mental Structure* (Cambridge, England 1988).
5 Alle folgenden Zitate über diesen Fall aus H. Mabille und A. Pitres, »Sur un cas d'amnésie de fixation post-apoplectique ayant persisté pendant vingt-trois ans«, *Revue de Médecine* (April 1913), 119–131.
6 J. M. Hull, *Touching the Rock: An Experience of Blindness* (London 1990), S. 71f., 61.
7 K. Goldstein, »L'analyse de l'aphasie et l'étude de l'essence du langage«, *Journal de Psychologie: Normale et Pathologique* XXX (1933), 482.

8 ibd., 483.

9 A. Gelb, »Remarques générales sur l'utilisation des données pathologiques pour la psychologie et la philosophie du langage«, *Journal de Psychologie: Normale et Pathologique* XXX (1933), 415, 418.

10 Siehe G. M. Edelman, »Group Selection and Phasic Reentrant Signaling: A Theory of Higher Brain Function«, in *The Mindful Brain*, hg. v. G. M. Edelman und V. B. Mountcastle (Cambridge, Mass. 1978), S. 51–100.

11 W. J. Clancey, Rezension von Rosenfields *The Invention of Memory* in *The Journal of Artificiel Intelligence* 50 (1991), 241–284.

12 Siehe P. Eckhorn, R. Bauer, W. Jordan, M. Brusch, W. Kruse, M. Munk und H. J. Reitboeck, »Coherent Oscillations: A Mechanism of Feature Linking the Visual Cortex?« *Biological Cybernetics* 60 (1988), 121–130. Die Schlußfolgerung stammt aus C. M. Gray und W. Singer, »Stimulus-Specific Neuronal Oscillations in Orientation Columns of Cat Visual Cortex«, *PNAS* 86 (1989), 1698–1702.

13 J. W. Papez, »A Proposed Mechanism of Emotion«, *Archives of Neurology and Psychiatry* XXXIII (1937), 725–743.

14 Heinrich Klüver und Paul Bucy, *Trans. Amer. Neur. Ass.* 65 (1939), 170–175. Als sie ihre Arbeit 1939 bei der American Neurological Association präsentierten, erwähnten sie die frühere und weitaus wichtigere Veröffentlichung von Papez nicht. Papez beteiligte sich an der Diskussion und erwähnte seinen Artikel ebenfalls nicht.

15 Israel Rosenfield, *The Invention of Memory* (New York 1988), S. 160–170, 222f., Anm. 11.

IV SPRACHE

1 Aus Frederic Bateman, *On Aphasia or Loss of Speech and the Localization of the Faculty of Articulate Language* (London 1890), Diagramm auf S. 38, Text S. 40f.

2 J. M. Charcot, »Leçons sur les maladies du système nerveux«, in *Œvres Complètes*, Bd. III, hg. v. Babinski, Bernard, Féré Guinon, Marie et Gilles de la Tourette (Paris 1890), S. 189f.

3 Der Fall von Monsieur A. wird diskutiert in ibid., S. 179–188.

4 Henry Head, *Aphasia and Kindred Disorders*, Bd. I (London 1926), S. 525.

5 ibd., S. 521f.

6 J. M. Hull, *Touching the Rock: An Experience of Blindness* (London 1990), S. 73.

7 Siehe A. Gelb und K. Goldstein, »Über Farbenamnesie usw.«, *Psychologische Forschung* VI (1925), 127–186. Das Zitat im Text stammt aus A. Gelb, »Remarques générales sur l'utilisation des données pathologiques pour la psychologie et la philosophie du langage«, *Journal de Psychologie: Normale et Pathologique* XXX (1933), 410.

8 ibd., 412f.

9 ibd., 416.

10 Kurt Goldstein, *Language and Language Disturbances* (New York 1948), S. 61.

11 ibd., S. 62,

12 Kurt Goldstein, »L'analyse de l'aphasie et l'étude de l'essence du langage«, *Journal de Psychologie: Normale et Pathologique* XXX (1933), 484, 481.

13 Head, *Aphasia*, Bd. I, S. 119f.

14 Jacques Mehler und Emmanuel Dupoux, *Naître Humain* (Paris 1990), S. 87.

15 ibd.

16 ibd., S. 81.

17 Siehe mein Buch *The Invention of Memory*, S. 30–57; dort wird das Krankheitsbild der »Unverbundenheit« ausführlich diskutiert.

18 Melissa Bowerman, »Inducing the Latent Structure of Language«, in *The Development of Language and Language Researchers: Essays in Honor of Roger Brown*, hg. v. Frank S. Kessel (Hillsdale, N. J. 1988), S. 27f.

19 Die klassische Arbeit über Spracherwerb ist Roger Brown, *A First Language* (Cambridge, Mass. 1973). Siehe auch Peter A. und Jill G. Villiers, *Early Language* (Cambridge, Mass. 1979), besonders Kap. 3, 4 und 5.

20 Siehe Paul Fletcher, *A Child's Learning of English* (Oxford 1985), S. 116.

21 Siehe Anne Dunlea, *Vision and the Emergence of Meaning: Blind and Sighted Children's Early Language* (Cambridge, Engl. 1898). Man beachte besonders S. 103: »Betrachten wir den Vorgang, der beim Erwachsenen in dem Satz ›George rollt den Ball zu Mary‹ codiert ist. Ein sehendes Kind im Zwei-Wort-Stadium, das sich dazu äußert, codiert wahrscheinlich ›Ball‹, ›Ball rollen‹ oder sogar ›George Ball rollen‹ (ausgehend von der Annahme, daß die Wahrnehmung eines Gegenstandes, der seinen Zustand verändert, wahrscheinlich das Element ist, das codiert wird). Betrachten wir das gleiche nun aus dem Blickwinkel des blinden Kindes. Wenn Mary

blind ist, hat sie ein unmittelbares Wissen über ihre eigene Existenz, und nachdem der Ball sie berührt hat, kann sie entdecken, daß es sich bei dem fraglichen Gegenstand um einen Ball handelt. Man beachte, daß sie ihre Umgebung *nach dem Vorgang* erforschen muß, um den Ball zu identifizieren. Wenn ein sehendes Kind in dieser Situation ›Ball‹ codiert, dann bezeichnet es damit einen Gegenstand, der seinen Zustand ändert (oder zumindest ist das eine mögliche Interpretation). Man kann nicht sagen, daß das gleiche auch für das blinde Kind gilt – hier ist ›Ball‹ anscheinend die Bezeichnung für einen Gegenstand, der gerade berührt wurde. Der Begriff ›rollen zu‹ ist für ein blindes Kind praktisch ohne Bedeutung.«

22 Siehe ibd., S. 106–109. Man beachte zum Beispiel: »Das plötzliche starke Anwachsen des Wortschatzes, das bei sehenden Kindern mit einer Veränderung im *Gebrauch* der Worte zusammenzuhängen scheint, war bei den blinden Versuchspersonen entweder überhaupt nicht vorhanden, oder ... es handelte sich einfach um eine schnelle Zunahme in der Zahl der Begriffe mit nur geringen Veränderungen bei ihrem Gebrauch.« Man beachte auch die folgenden Ausführungen auf S. 162: »Von einem kognitiven Gesichtspunkt spricht das eingeschränkte Muster der Begriffsentwicklung für eine erkenntnistheoretische Erklärung, die sowohl biogenetisch als auch interaktionistisch ist. Die eigenen Handlungen des Kindes gegenüber der Welt und insbesondere seine Beobachtungen sind entscheidend für den Aufbau einer mit Bedeutung gefüllten Vorstellung dieser Welt. Vom linguistischen Standpunkt weist die Entwicklung blinder Kinder darauf hin, daß das, was ein universeller ontogenetischer Ablauf des Spracherwerbs zu sein scheint, ohne einen unterstützenden Begriffsrahmen nicht in vollem Umfang umgesetzt werden kann. Die Bedeutung der visuellen Information für die Entstehung von Bedeutungen wurde wie kaum etwas anderes unterschätzt, denn sie dient als unentbehrlicher Reiz zur Aktivierung der Vorgänge, die der Sprachentwicklung zumindest in ihren frühen Stadien zugrunde liegen.«

23 Susan Goldin-Meadow und Heidi Feldman, »The Development of Language-like Communication Without Language Model«, *Science* 22 (Juli 1977), 401 ff.

24 D. Bickerton, »Kreolensprachen«, *Spektrum der Wissenschaft*, September 1983. Siehe auch Bickertons neueste Arbeit über dieses Thema, eine Verteidigung der Vorstellung von einer universellen Grammatik: *Language and Species* (Chicago 1990).

25 Siehe die Rezension von Bruner und Feldman über Bickertons Buch *The Roots of Language* in *The New York Review of Books,* 24. Juni 1982, S. 34ff., sowie den Briefwechsel zwischen Bickerton und Bruner und Feldman in der Ausgabe vom 23. September 1982, S. 62. Man beachte besonders folgende Anmerkungen von Bruner und Feldman: »Es bleibt aber die sehr allgemeine Frage, die sich durch Bickertons Arbeit erhebt. Es scheint vier Unterscheidungen zu geben, die sich in einfacher syntaktischer Form in allen Kreolensprachen wiederholen, und sie tauchen in den ›Fehlern‹ der Sprache von Kindern auf, wenn einfache Formen in ihrer Kultursprache nicht verfügbar sind: spezifisch–unspezifisch, Zustand–Vorgang, punktuell–nichtpunktuell und ursächlich–nichtursächlich. Wo sie verfügbar sind, werden sie im allgemeinen fehlerlos erworben. Ihr Vorhandensein in der kindlichen Sprache ist vermutlich nicht mit Durchmischung zu erklären. In unserer Rezension äußerten wir Zweifel, ob ein ›biologisches Programm‹ allein sie in den verschiedenen Kreolensprachen hervorbringen kann. Nach unserer Ansicht können sie leichter als Reaktion auf allgemeingültige kulturelle Erfordernisse entstehen. Und wenn sie wirklich durch Durchmischung entstehen, warum dann ausgerechnet diese Gruppe von Unterscheidungen?«

26 Wilhelm von Humboldt, *Über die Verschiedenheit des menschlichen Sprachbaues und ihren Einfluß auf die geistige Entwicklung des Menschengeschlechts.* In *Wilhelm v. Humboldts Werke,* Hg. A. Leitzmann, Bd. 7, Nachdruck Berlin 1968, S. 49f.

27 Noam Chomsky, *Language and Mind* (New York 1968), S. 24. Siehe auch Chomsky, *Current Issues in Linguistic Theory,* S. 19ff.: »Eine generative Grammatik ... ist ein Versuch, bestimmte Gesichtspunkte der *Form* einer Sprache genau darzustellen, und eine bestimmte Theorie der generativen Grammatik ist der Versuch, diejenigen Gesichtspunkte der Form zu bestimmen, die Allgemeingut der Menschen sind – in Humboldts Terminologie kann man das gleichsetzen mit der zugrundeliegenden allgemeinen Form aller Sprachen.«

28 Dan I. Slobin zitiert diesen Satz aus Notizen, die er sich bei einem Vortrag Chomkys machte, in »From the Garden of Eden to the Tower of Babel«, in *The Development of Language,* S. 12.

29 Noam Chomsky, *Rules and Representations* (New York 1980), S. 53.

30 ibd., S. 215.

31 Humboldt, *Über die Verschiedenheit ...,* S. 59.

32 ibd., S. 60.

33 R. C. Collingwood, *The Principles of Art* (New York 1958), S. 257. Ich verdanke diese Passage William J. Clancey; er verwendete sie im *Journal of Artificial Intelligence* in seiner Rezension meines Buches *The Invention of Memory*.

V MULTIPLE PERSÖNLICHKEITEN

1 William James, *The Principles of Psychology* (Nachdruck Cambridge, Mass. 1981), S. 1, 358.

2 Siehe E. Tranel und A. R. Damasio, »Knowledge Without Awareness: An Autonomic Index of Facial Recognition by Prosopagnostics«, *Science* 228, 1453f. Über eine frühere Studie berichtete R. M. Bauer in *Neuropsychologia 22*, 457–469.

3 James, *Principles*, S. 359–362. Über den Fall berichteten ursprünglich William S. Plumer in *Harpers Magazine*, Mai 1860, und ausführlicher Weir Mitchell in *Transactions of the College of Physicians of Philadelphia*, 4. April 1888. Ich habe hier durchgängig die Version von James verwendet.

4 Morton Prince, *The Dissociation of a Personality: A Biographical Study in Abnormal Psychology* (Nachdruck New York 1969), S. 14.

5 Morton Prince, *Clinical and Experimental Studies in Personality* (New York 1970), S. 235.

6 ibd., S. 190.

7 ibd., S. 147–150.

8 ibd., S. 153f.

9 Sigmund Freud, *Psychologie des Unbewußten*, in *Freud-Studienausgabe* (S. Fischer, Frankfurt am Main [6]1989), Bd. 3, S. 145.

10 J. M. Hull, *Touching the Rock: An Experience of Blindness* (London 1990), S. 14.

11 ibd., S. 19, 103, 145.

12 ibd., S. 119.

13 ibd., S. 38.

14 TK.

15 Henry Head, *Aphasia and Kindred Disorders*, Bd. I (London 1926), S. 544.

DANKSAGUNG

Es war ein immenses Privileg, mit Elisabeth Shifton zusammenzuarbeiten; ihre Intelligenz und ihr Verständnis haben dem Buch sicherlich gutgetan. Ihr und Martine Desi, Oliver Sacks und Catherine Temerson bin ich zu tiefem Dank verpflichtet: Sie haben mir geholfen und mich inspiriert.

NAMEN- UND SACHREGISTER

(Die Namen aus den Anmerkungen wurden nicht aufgenommen)